OMAR KHAJAM

RUBAIRAT

Shqipëruar: Fan S. Noli

Omar Khajam

"Rubairat" e Omar Khajamit në shqip konsiderohen si një nga përkthimet më të bukura në letërsinë botërore"

Norbert Jokli Albanolog⬚

ISBN-13: 978-1501072413

ISBN-10: 1501072412

PARATHËNIE NGA FAN S. NOLI

Rubairat janë një nga veprat poetike më të bukura të botës. Janë aq të kjarta sa munt të merren vesh lehtë prej cilitdo këndonjësi të zakontë, aq të thella nga kuptimi sa një Rubai vlen disa togje vëllimesh, aq moderne nga mejtimet dhe ndjenjat sa na duket që auktori i tyre ka rrojtur në kohët tona dhe në zemër të Evropës.

Rubairat Khajamiane, me gjithë bukurinë, mjeshtërinë dhe diversitetin e tyre, do të kishin mbetur pothua të panjohura në Perëndim pa përkthenjësin e tyre të math inglis Eduard Fitzxherald (Edvvard Fitzgerald). Poet vetë nga më të mëdhenjtë, përktheu lirisht 110 Rubaira të zgjedhura, a më mirë endi 110 Rubaira inglishte mi bazën e tekstit persian, i radhiti pas kuptimit që të kenë lidhje midis tyre, dhe kështu krijoi një farë monollogu fillosofik që është kryevepër si nga forma dhe nga lënda. Version i tij magjistral i jep të drejtë Inglisë të lëvdohet për Fitzxheraldin aq sa Persia vetë për Omar Khajamin. Me përkthime të versionit fitzxheraldian në gjuhë të tjera në krye, dhe pastaj me versione drejtpërdrejt nga Persishtja, Omar Khajami u bë një nga poetët më të njohur e më të admiruar të botës. Vepra e Fitzxheraldit ka vetëm një cen: Na tregon vetëm sa aspekte të Kopshtit Khajamian; ca pak nga mania e sitematizatës së ngushtë dhe ca më tepër për arësye artistike, Fitzxheraldi lë mënjanë fare a vë nën hie ca aspekte të tjera, pa të cilat piktura ësht e çalë. Që të bëhet piktura më e plotë, a pothua e plotë, duhet një version prej një Ustai ku të përmblidhen të gjitha Rubairat e bukura, që kanë markën e padyshimtë Khajamiane a të pakën markën e Shkollës tij, domethënë një version me Rubaira të pakën tri herë aq sa na ka përkthyer Fitzxheraldi. Sa mjerim i math! Na duhet të presim gjer sa të lindë një Fitzxherald i dytë, i cili të plotësonjë veprën e të parit, që të formojmë një kuptim më të afërmë të madhështisë së poetit persian. Akuzata, që Fizxheraldi i vë në gojë Omar Khajamit gjëra që ky s'i ka thënë kurrë, njihet tani si krejt e padrejtë prej të gjithë kritikëve. Është e vërtetë që Fizxheraldi s'ka përkthyer fjalë pas fjale dhe që Rubairat e tij largohen shpesh nga persishtet aq sa munt të quhen si variata origjinale inglishte, të frymëzuara prej Omar Khajamit. Megjithëkëtë, është një fakt i provuar që Fizxheraldi ka qënë një përkthenjës më besnik e më i thellë se të gjithë ata që e kanë përkthyer tekstin Khajamian fjalë pas fjale, dhe nga ana tjetër, s'ka lule në versionin e tij, e cila të mos ndodhet në një formë a në një tjatër në kopshtin e Rubairave originale. Kjo gjë nuk ia zbret aspak vlerën kryeveprës fitxheraldiane. Virgili, kur e akuzonin që plaçkiti Homerin për të bërë Eneidën, përgjigjej fare drejt që është më lehtë t'i rrëmbesh Herkulit çomangen nga dora se sa të përkthesh a të imitosh mirë një vark të Homerit. Dhe kjo është aq e vërtetë sa përkthimet a imitacionet e bukura nga një gjuhë në një tjatër, në historinë e letrëtyrës së përbotëshme, nëmërohen nër gishtërinjtë dhe konsiderohen me arësye si kryeverpa në gjuhën që janë shkruar. Po dhe kryevepra e Fitzxheraldit mbeti e panjohur për një kohë të gjatë. Historia e edicjes së parë të Rubairave ingishte tingëllin si një romancë. Libra u botua më 1859 në Londrë prej Kuariçit (Quaritch) për 5 shilling copa, po me qënë që s'gjeti blerës, u hoth në koshin e librave pa vlerë që shitëshin për 1 penny: nga ky kosh rastisi të kalonjë një ditë Rossetti, i cili bleu një copë dhe ua këndoi miqve të tij literarë, midis të cilëve ishte dhe Suinbërni

(Sëinburne); libra u bë menjëherë me famë; në pak ditë eksemplaret e edicjes së parë u çduknë nga koshi i Kuariçit dhe janë sot aq të shtrenjta sa është i lumur ay bibliofil që ka një copë ne koleksionin e tij. Fama e versionit fitzxheraldian është rritur tani aq sa s'ka anglo-sakson me kullturë që të mos e ketë kënduar. Një admirator inglis, i quajtur Uilliam Simpson, vajti në Nishapur, mori farë nga trëndafijtë e varrit të Omar Khajamit, e rriti në Kju-Gardens (Keë Gardens) të Londrës dhe pastaj, ia mbolli në varr Fitzxheraldit në emrin e Omar Khajamit Club-it më 7 të Tetorit 1893, një kompliment delikat të cilin e meritonte me të tepër përkthenjësi i dëgjuar.

Ky version përmban 331 Rubaira, të shqipëruara lirisht, 110 pas verisoneve fitzxheraldiane dhe 221 pas verisoneve të ndryshme. Rubairat persane nuk kanë shërbyer si bazë për këtë version, se shqipëronjësi nuk për çdo pothua, dhe kështu ka mundur ta afronjë këtë përkthim më tepër pas tekstit, veçanërisht në Rubairat, në të cilat përkthenjësit e ndryshmë nuk janë në një mëndje sa për kuptimin e tyre. Rubairat e këti versioni, dy herë e ca më tepër se ati të versionit të parë, janë radhitur pas methudës fitzxheraldiane. Shqipëronjësi po shtudion persishten dhe ka shpresë pas nja dy vjetsh, a nofta më shpejt të botonjë një version të tretë të plotësuar dhe më besnik pas tekstit. Pritja enthusiastike e verionit të parë dhe lutjet e këndonjësve e shtrënguan ta botonjë këtë version një mot më parë se sa kishte nër mënt.

Omar Khajam

RUBAIRAT

1

Natën kur flinja, më tha shpirti: "Pi!

Në gjumë dhe në Varr s'ka lumëri;

Ngrehu! Sa rron, zbras Kupa dhe puth Çupa;
Ke shekuj që të flesh në qetësi."

2

Në ëndërr, kur Agimi zbardhëllonte,

Një zë që nga Taverna po gjëmonte:

"Çohuni, djem, e Verë sillnani,

Se Fati na e thau lëngun sonte."

3

Dhe posa në Tavernën këndoi gjeli,

Besnikët jashtë thirrë: "Portat çeli!

E shkurtër është Jeta, ja, u mplakmë

Dhe mbetmë si kofini pas të vjeli."

4

A di përse këndesi po këndon

  Menatë dhe nga gjumi po të zgjon?

  Që shkoj një ditë po të lajmëron,

Dhe ti, çkujdesur, fle dhe ëndërron.

5

U gdhi! Me Verë zëmrën e zbardhëllonj
Përdhe çdo Fe të Natës e dërrmonj:

Në Djall dërgonj Parajsën e përpjetë,
Gërshetin me Llaut' e lavdëronj.

6

Kur Diellin, me zjarr kurorëzuar,

E pret me gas Natyra faqeshkruar,

Shoqen me mall po shoh në gjumë shtruar
Dhe foshnjën buzëqeshur më të zgjuar.

Rubairat

7

Ja, Kup' e Qiellit skuqet prej Agimit,

Bilbili nisi këngën e dëfrimit

Me Trëndafilin: Eja, Faqepjeshkë,

Natyra qesh; nëm Qelqin e Rubinit.

8

Zgjohu! Mëngjezi me shigjet' e grisi

 Perden e Natës, Yjt' i arratisi,

Dhe Djelli gjahtar me rreze kapi

 Çdo majë mali e pallati e lisi.

9

O Ëngjëll faqedritë, ja u gdhi,

Shtir Verë dhe këndo me ëmbëlsi

 Xhamshidi e Khosroj qysh lulëzuan,

 Qysh dimërojnë sot në Varrvërri.

10

Ja, Mars' i ri dëshirat na valon,

Çdo shpirt i mënçur në Gërmadhën shkon

Ku dor' e Moisiut zbarth nga degët

Dhe frym e Krishtit tokën gjelbëron.

11

Mi lulet po pikojnë vesë retë,

Dhe me një zë qjellor Bilbil' i shkretë:

Ah, Verë! Verë! Verë!

Trëndafilit i lyp të skuqë faqezën e zbetë.

12

Bilbili nëpër kopshtet në Prënverë

Sheh Lilin Kup' e Trëndafilin Verë

Dhe thotë: "Puthuni e pihuni!

S'e gjeni këtë ditë tjatër herë."

Rubairat

13

Shiko luadhe, lule, bukuri,

Lumenj kristali, kronj e brohori:

Nga dimri Ferr pranvera Qiell na ndriti,

 Gëzo mi Dhë Parajsën me Huri.

14

Qesh Trëndafili e thotë: "Lulëzonj

Dhe botës bukurinë po ia shtonj:

Pastaj e hap kuletën e mëndafshtë

 Dhe përmi kopsht thesarin po e shtronj."

15

"Jam, thotë, lulja e Josefit ri

T'Egiptës, xhevair, zëmërflori:

Ja edhe rrob' e kuqe gjak, e çjerur

 Prej vllezërve dhe gruas Petefri.

16

Tufani kopshtin kur m'a çkatërron

Dhe Rrot' e Fatit shpresat m'i dërmon,
Pështillem si burbuq' i Trëndafilit,

Po zemra gjak përbrënda më pikon.

17

U dogja dhe u përvëlova: Verë!

Nga vrer' i lotëve u shova: Verë!

Një Qelq rubin, e Dashur, dhe Llautën

  Dhe nga ky zjarr shpëtova: Verë!

18

Me Ver' e Vajza, me Llaut' e Valle,

  Me Fyell e me Këngë po s'u çmalle,

Jeta s'vlen hiç: se pa këto nuk është

Veç pemë helmi, pus e tym vërdalle

19

Nga njëra dorë Trëndafil e Grua,

Nga dora tjatër patsha Rush e krua:

"Zotit - po thon' - i arthtë keq për mua!"

Po as m'a fal pendimin as ia dua.

20

Një Ëngjëll më tërhiqte në Xhami,

Një Djall po më zvarrniste në Dolli;

Po Ver' e kuqe e fitoj davanë:

Gërshet këtej - edhe andej Hardhi.

21

Në prehrin e Hurisë kur gëzohesh

Veten humbet, e veten gjen, bekohesh:

Kur pi Kungatën shpirtrrëmbenjëse,

Përsipër Jetës, Vdekjes lartësohesh.

22

Te Shpell' e Verës kemi hedhur mëndjen,
Dehemi, puthim për të mbledhur mendjen:
Ç'pyet?- Gjykim e tru na kanë rrjedhur,

Se Vajzat na e kanë vjedhur mendjen.

23

"Pse s'pi më pak?" më thonë njerëzia,

"Për ç'arësye s'ka fuqi Dollia?"

Një: Faq' e Vajzës; dy: Rubin' i Verës,

Ja shkake si kristal nga qartësia.

24

Drit' e Kungatës vlen çdo mbretri

N'Evropë dhe n'Afrikë dhe n'Asi:

Rënkim i Vajzës mallëngjen më rëndë

Se çdo shamat' e turmës në Xhami.

25

Fito një Zemër, puthe dhe rrëmbeje,

Dhe adhuroje si Altar prej Feje:

Një qint Qabera s'vlejnë sa një Zëmër;

  Zëmër kërko, haxhi, jo Gur Qabeje.

26

Si mjer' ay që Dashuri s'ka ndjerë

  Dhe zëmra s'i ka ndritur në prënverë:

  Pa Ver' e Dashuri çdo dit' e shkuar

Prej meje s'nëmërohet asnjëherë.

27

S'ka hir apo shëmtim në Dashuri,

  Për Ferr e për Parajsë s'ka mërrzi,

  As për pallate a kasolla a shpella

As për mëndafsh a recka a stoli.

28

Kjo zemr' e marr' e mbytur në mjerime
Pa prerë vuan e lëshon rënkime:
Kur më dha Zoti Verë Dashurie,
M'a mbushi kupën gjak prej zemrës sime.

29

E prisnja! Si rrufeja më tronditi!
E Dashura më shkoi, më neveriti:
S'e çmonja kur e kisha... Ah! ç'ma priti!
Në Ferrin nga Parajsa më vërtiti.

30

Rënkonj e psherëtinj, se s'të kam pranë,
 M'u çuar zemra, vojtjet mënt s'më lanë,
Askujt s'ia qanj dot hallin, djall'o punë:
Vrermjaft' e flagëves' e qiellhapsanë!

31

Nga hidhërim' i ndarjes jam përpirë,

  Sa e sa herë zemra m'është grirë:

Ty natën të kujtonj e psherëtij,

Nga malli digjen, si qiri kam shkrirë.

32

Kur s'dhëmp e s'shëmp nuk është Dashuri,

  pa Ferr' s'gjen dot Parajsë dhe Huri:

Kur zjarr' e ke në gji, me nat' e ditë

Sot ndrit me gas e nesër ndes më zi.

33

Te rrug' e Trëndafilit plot me gjëmba

Pikova gjak, u çora e u shëmba:

Pa qindra plag7 e çpojtje s'qepet krehri

  Në flokët e së Dashurës me dhëmba.

34

Zemrën me sy e Dashura rha ndes,

 Zemraqiri me flagën rron e vdes:

Te flag' e bukur zemraflutur turet,

 Kurban e tëra digjet pa kujdes.

35

Me syrin bukuri e drite çpall,

Në zemrën Dashuri e zjarr më kall:

Ti s'më vë re aspak ose më tall,

Kur unë psherëtinj për ty me mall.

36

Zefire, fryre, syri im të pa,

Nga gjoksi zemra m'iku dhe më la

Dhe dyke fluturuar pas të ra:

Banesën sot në gjoksin tënt e ka.

37

Selvia që më bëri skllaf e mbret

Tani më nisi prapë muhabet;

Më qesh me buz' e sy, se shpirti i thotë:

"Bëje të mirën dhe e hith në det."

38

E Dashura shkëlqeu, më verboi,

Zemra më fliste, gjuha më pushoi:

Kush pa me sy tortyre kësisoj?

Nga etja u dogja, u shova mun te kroj.

39

Kush në Gërmadhën të ka prurë, kush?

Kush t'a ka çfaqur natën nurë, kush?

Kush të ka fryrë të më ndezësh furrë?

Nga Dashuria të sëmurë, kush?

40

Në këtë Dhe pa prehje, pa pushim,

Jam lodhur me kërkim e udhëtim:

Të bukur Qiparis si ti s'kam parë,

 S'të kapërcen as Hëna në shkëlqim.

41

O ti mi Dhe më e zgjedhura Selvi,

 M'e shtrenjtë je se shpirti e syt' e mi:

Gjë më të çmuar se sa Jeta s'ka;

M'e çmuar një qint herë më je ti!

42

Si në mëngjes burbuqi i vesuar

 Me rezet buzëqesh i ngushëlluar,

Më ndrit me gas fytyra e përlotur

Kur zëmrën ti m'a ngroh me syt' e shkruar.

43

Ti, që me faqe Rrushn' e kapërcen

Dhe që me zë Bilbilin e gënjen,

Një sy i luan Mbretit t'Babilonës

Dhe mbretëresh' e kulla ia rrëmben.

44

Për ty be të heth në det dhe nderin;

Në shkelça fjalën, shkelmin nem dhe vrerin:
Në mos mjaftoftë jeta ime e zezë,

Lanj borxhin në të Funtmin Gjyq me Ferrin.

45

Sa kohë munt, e Dashur, ngushëllomë,

 Nga barr' e vrerit zemrën lehtësomë;

Se bukuria jote s'rron për jetë;

Shpejt! Nesër zbresim që të dy në Llomë.

46

Me buzët gjak, Sirenë, dehm' e mpimë,

Me dhëmbët e me thonjtë çirm'e grimë:

Me krah' e me gërshete mbytm'e shtrimë,

Me syt' e tu të zjarrtë tretm' e shkrimë!

47

Me Bukë sa për shpirt, moj Hën' e Zanë,

Me Ver' e Harp' e Vjersha dhe ty pranë

Në Pjergull të Gërmadhes jam m'i lumur

Se në pallat e fron një qint Sulltanë.

48

"Sa bukur të jesh Mbret!" Disa mejtojnë;

"Sa ëmbël në Parajsë!", ca besojnë:

Ah, merr paran' e that' e ler kusurin,

Daullet, pompat lark le të gjëmojnë.

49

Në botë kotësira mos lakmo

Të mirat e të ligat ia harro:

Kthjello e zëmrën si ky Qjell i kaltër,

 Si Yll më ndrit, si Diell perëndo.

50

Shpirti për ku mhi bë prej Perëndie?

Për Qjell a Ferr? S'e di, po veresie

 S'lë gas të saktë, Ver' e Vajz', e Këngë,

Për profka, ëndrra, prralla shenjtërie.

51

Sa save që për Dhenë bëjnë rragë

 Dhe save që për Qiell hedhin flagë,

Nga Kull' e Natës Korbi u bërtet:

"Të çmëndur! S'ka as lart as poshtë çpagë!"

52

Me Vajzën në prënver' e në lëndinë

Me Këngën, me Llautën, me Dollinë

Dëfrenj: le të më shajnë; s'më ha malli!

Këtu e gjenj Parajsën, Perëndinë.

53

Me Ver' e Valle, me Huri - në pastë,

Te vija në lëndin' u-shtri - në pastë,

 Dhe humbi fare Ferr' i zi - në pastë,

Dhe ja, Parajsa na u-gdhi - në pastë.

54

Një kupë Verë, mor Saki - t'a puth!

Vajzën e bukur si selvi - t'a puth!

Atë gërshet si la ktë zi ku kapet

 I urti plak e djal' i ri - t'a puth!

55

Nem Kupën dhe këndo një melodi,

Me Engjëj dhe Bilbilë simfoni:

Se Vera qesh, këndon kur rrjeth nga shishja
Dhe s'duhet pirë veç me brohori.

56

Me gjithë Trëndafijt' Irami u shua,

Qelqi magjik Xhamshid u çduk në prrua,

 Po prapë Vreshta Rrush rubin na nxjer

Dhe kopshti lulëzon ku rrjeth një krua.

57

Shih, mijëra burbuqe lulëzojnë

Dhe erët mijëra përdhe rrëzojnë;

Dhe ditët që na sjellinTrëndafilin

 Xhamshid e Kaj-Kobad na i çkallmojnë.

58

Po eni me Khajamin dhe ia shtroni

Dhe Kaj-Kobad e Kaj-Khosro harroni:
Rustemi le t'ju ftonjë në kushtrim

E Taji në ziefet, mos i dëgjoni.

59

Eja, mbush Kupën e në zjarr gëzimi

Vërvit çdo vrer e helm të zi pendimi:

Se Shkab' e Kohës Jetën na shkurton,

Dhe shih se sa shpejton nga fluturimi

60

E Dashur, mbushma Kupën që kthjellon

Të sotmen nga vrer q'ikën, tmerr q'afron:

Po nesër? Nesër nofta fryra, humba

Në shqotën ku e djeshmja fluturon.

61

Na fryri dita, mor Saki: Sill Verë!

Jetën s'e shohim përsëri: Sill Verë!

Bota një her' u mbyt në kataklizmë,

  Ashtu u mbytshim me Dolli: Sill Verë!

62

U bëra prapë djal' i ri: Sill Verë!

Këcenj me flag' e lumëri: Sill Verë!

S'ka gjë, në qoft' e hidhur, mor Saki,

Si jeta ime në Persi: Sill Verë!

63

Sakinjtë derdhin Ver' e vala Rrushi,

Në zëmrat shuajn' afsh' e avull prushi:

  Lavdi, o Zot, se dhe këtë balsam

Që na shëroj e me shëndet na mbushi.

64

Si merimanga vallë pse t'a tjerrim

Perin e Jetës, kur pastaj e çtjerrim?

Ç'do të fitojmë kur aspak s'e dimë

Frymën që marrim jasht' a do ta nxjerrim?

65

Në Nishapur ose në Babilon,

Me Kupën që tharton a ëmbëlson,

Fletët e Jetës një nga një na bien

Dhe lëngu i saj pa reshtur na pikon.

66

Ah, mbushni Kupat! Zemra na thërret,

 Se koha nëpër këmbë po na shket:

E djeshmja vdiq' e nesërmja s'na gjen;
Ç'mërziti kur e sotmja ka lezet?

Rubairat

67

Ditën e shkuar fare e harro

Dhe për të nesërmen mos u çkallmo:

Gëzo një çast të lumtur, faqebardhë,

   Dhe Jetën n'erë mos e çkatërro.

68

Për nesër mos u verth sa pa e parë,

Të sotmen e gëzo, mor djal' i mbarë:

   Shpejt ikim nga ky Han e hasim shokët

Që shkuan shtatë mijë vjet më parë.

69

Me Buzët trëndafilen shtatselvi

Këndo e nat' e ditë zbras Dolli:

Se nesër Vdekja fryn, të çthur si lule

Dhe fietët t'i përmbjell në Dhë të zi.

70

Të shkuarat mos i kujto me lot

  Dhe për të pritmet mos u loth më kot:

Sa kohë në luadhin je, kullot;

Nga drapr' i Vdekjes nukë shpëton dot.

71

Buza që puth e Vera që po pi

  Vërtet mbarojnë dhe ato si hi:

Po sot të pakën je një hi i gjallë,

  Gëzohu sa s'kalon në Hiç të zi.

72

Sa kohë po vazhdon kjo Jet' e ngratë

Për qafe kape Qiparisn' e gjatë.

Se nesër Mëmë-Dheu do t'të kapë

  Dhe posa të pushtoj s'të lëshon prapë.

73

Sa nga të dashurit mi këtë bar

  Që m'emëruan për trashëgimtar

I zbrasnë Kupat rrottull nja dy herë

  Dhe heshtn' e zbritnë një nga një në varr.

74

Më shkuan shokët! Vdekja pa mëshirë

  M'i shtrydhi një nga një si Rrush në Tirë;
Festuam, pim' e biseduam bashkë,

Pastaj u shtrin' e thanë: "Lamtumirë!"

75

Dhe ne, që sot dëfrejmë në lëndinë,

Ku pleqtë na bekuan me Dollinë,

Dhe ne në shtrat të Dheut do të zbresim

  Dhe do ta zbrazim vendin për risinë.

76

Si lot pikon nga Qjell' i mvrojtur shiu

 Sis' i jep lules si një çilimiu;

Nga varri bukën ia mëkon njeriu:

Nga pluhr' i tij kjo lul' e bukur mbiu.

77

M'i kuqi Trëndafil i çdo behari

Nga toka mbin që piu gjak Qesari:

Në gji të kopshtit manushaqja shket

 Prej faqes Vajzës me ulli nga Varri.

78

Dhe kjo lëndin' e njomë që po çel

Bregun e lumit ku tani po ngel,

Ah, pshtetu leht' e but' e mos e shkel,

Se s'di nga cila buz' e bukur del.

79

Ah, Trëndafili me prënverën shkon

 Vjeshta risisë fletët ia rrëzon:

Bilbili, që në degët i këndon,

Ikën - e kush e di ku fluturon?

80

Ah, pini dhe Khajamit shtjerini!

 Profetët le të flasin, lerini!

Një gjë ësht e vërtetë: Lulja vdes,

 Si lulëzon, - dhe profkat prejini!

81

Çdo shpresë që me flagë na përfshin

Shuhet e bëhet hi; a shkrepëtin

Mi kum të shkretëtirës si dëbora

 Një or' a dy - dhe menjëherë shkrin.

82

Në dhë, o shpirt, të mirat si për Mbret
 Dhe gazet e dëfrimet plot lezet
 S'të janë veç si ves' e lulevet,
Që ndrit menatë dhe pastaj humbet.

83

Edhe ay që mbleth e shin flori
 Edhe ay q'e heth, e derth si shi,
 Kur vdesin nukë bëhen ar e mjaltë:
Po kalben, myken, nënë Dhe të zi.

84

Te ky Karvan-Saraj faqekëmbyer,
Që netët edhe ditët ka për dyer,
 Sulltanë pas Sulltanëve u shtruan
Sa ish e thën' - e iknë të pakthyer.

85

Ja, sot gas paske dhe shëndet: Pastaj?

Ja, mot të patshim si simvjet: Pastaj?

Ja, qofsh i lumtur një qint vjet: Pastaj?

Ja, për çudi, dy qint si mbret: Pastaj?

86

Dhe tre qint vjet të rrosh, e plot me dritë,
Këtejza do të shkosh me lot një ditër

Qofsh Mbret i lart' a liparak i ngratë

 Në trap do të mbarosh pa mot i mpitë.

87

S'banojnë veç luanë dhe zhapi

Në sallat ku Xhamshidi u shtri, u pi:

Bahrami që me lak onagre kapte

U lak, u kap në llom' e pellgpusi.

88

Kështjella gjer në Qiell një herë ndriti

Dhe Mbretër e Qesarë brënda priti;

Përmbi gërmadhet tani Qyqja qan:

"Ku vajti ah! ku? ku, ku po zbriti?"

89

Nga mur' i Tusit Korbi po vë re

Kafkën e Kaj-Kavusit tej përdhe

Dhe kujës ia kërcet: Kaj, Kral i ngratë,

Daullet dhe trumbetat ku m'i ke?

90

Ç'fitova nga të gjith'andrallat? Hiç!

Dhe nga mundimet e vërdallat? Hiç!

Sa para bën se sot jam Yll e Dritë

Kur shuhem nesër, shkonj me prrallat? Hiç!

91

Aristotel ndriçofsh, ngrysesh e hump!

Qesar çdo fron zaptofsh, përmbysesh, hump!
Qelqin Xhamshid kungofsh, thyhesh e
hump! Bahram u lavdërofsh, mbytesh e
hump!

92

Ah, Rrot' e Qiellit vrasëse, mizore,

Se shtyp e shtrydh në Tirën shekullore:

Ah, Dhe i zi, në gji sa xhevaire

Përpin, e sa dafina prej kurore!

93

Ah, Zot, që Botën me një urdhër themelove.
Sa e sa zëmra copëtove e shove:

Ç'burbuqe buzëkuqe, flokëzeza,

Pa lulëzuar në qivur m'i shtrove!

94

O Racë Njerëzore e verbuar,

O Hiç, mbi Er' e Pluhër e ndërtuar,

 O Hiç, o korkolitur mi Avushën,

Përball' e pas prej Hiçit e rrethuar!

95

Apo mos e harruat Historinë

 Që Botës i dha Dritën, Diturinë,

 Se Zoti me ca Llom' e Baltovinë

Si pas fytyrës s'Tij gatoi Njerinë?

96

Krijesa zbardhëlloj, Parajsa leu,

E para krijatyrë del nga Dheu:

Po pak qëndroj! Një drapër Vdekja kreu,
Adamn' e shkret' e kori, e rrëmbeu.

97

Si en' e bën me mend e thellësi,

 Kuror' i thur me nder e me lavdi:

Pastaj Poçari Kryeveprën kap

Dhe e dërmon për tokë, e bën hi.

98

Pse pra mërziti për mjerimn' e zinë?

Kështu i bëri Zoti Njerëzinë:

Krijesa llome, mbrujtur vrer e helm,

Vajtojnë pak e çduken në Greminë.

99

Njeri, Margaritari i Krijesës,

Q'u shove nga tortyrat e Jetesës,

Pi Kupën e harrimit e të prehjes,

Çkulu nga pellgu i frikës dhe i shpresës.

100

Përunjiu Fatit tiranik e vrer,

Pi Verë, mos përfill Parajs' e Ferr:

Linde nga Pluhri dhe në Pluhurin kthehesh,
Sa je mi Pluhër, lagu, mos u ter.

101

Ah, kap e kap çdo gas e çdo dëfrim

 Në Pluhër sa pa zbritur për pushim,

Pluhër në Pluhër, nënë Pluhrin shtrirë,

Pa Ver' e Këng' e Grua - pa mbarim!

102

Pi, pi sa kohë ligjëron Bilbili,

Puth, puth sa është i çelur Trëndafili,

Dhe Kupën plot shafran pa drithm' e zbras
Kur të t'a japë natën Xhebraili.

103

Një çast nga Pus' i Jetës të ngjërojmë

Dhe para se të vdesim t'a gëzojmë:

Se Yjt' u shuan dhe Karvani u gdhi:

N'Agimn' e Hiçit! - Oh, le të nxitojmë!

104

Pra, si Zambaku që me sy përpjetë

Pret vesën gojëhapur lart nga retë,

Ashtu dhe ti, se nesër u përmbyse

Si Kupë bosh me kokën tatëpjetë.

105

Kur të gjesh Verë, pije pa mejtuar,

Kur të gjesh Vajzë, puthe pa pushuar,

Se as për mjekrën tënde as për timen

S'kujdeset Zot' i Math i lavdëruar.

106

Rrot' e çkujdesur po vërvit Dynjanë,
Shenjtorët nuk ia shqitnë dot Davanë:

Kji mëndjen, nesër vdes, merr ëndrra fund,

Të piu varri, krimbat do t'të hanë.

107

Lëviz, Khajam, se Kup' e Vdekjes vjen,

 Se Fati nënë Rrotën të mbërthen:

Pi Lënk, puth Lule! Lart në Qjell s'i gjen!

Se Feja me Parajsën të gënjen.

108

Mos u mërzit me punë Perëndie,

As me andralla e profka Njerëzie:

Mbyti të gjitha në duman të Verës

 Dhe loj me Trëndafij e Rrush Hardhie!

Rubairat

109

Munxosi Qjejt' e shurdhër që shkelmuan

Çdo lutje që të mjerët u drejtuan

Dhe kap Dollin' e përqafo Selvinë:

Kush na u kthye nga ata që shkuan?

110

Gjer kur, gjer kur do të përpiqemi,

Me Fe e sherr Sherri të piqemi?

Më mirë lagemi me Lënk prej Rrushi

Se sa me vrer për hiç të ligemi?

111

Me mjekrën çdo Tavernë t'a kam fshirë,
Parajsës i kam thënë: "Lamtumirë!

E bukur je, po nukë bën për mua!"

Kërkomëni në Vreshtë dhe në Tirë.

112

Për Ligjë kam për ditë të dëfrenj,

Për Besë kam çdo Fe t'a kapërcenj;

 Kur mora nuse Jetën, s'deshi pajë;

Më tha: "Gas patsh, atë pagesë vlenj".

113

E dini, o miq, se në kasollen time

 Dasmë të re kam bërë me dëfrime:

 Tri her' e ndava Fen' e Arësyen

Dhe mora nuse Rrushkën Serafime.

114

Për Qënien dhe Mosqënien jam munduar

E Qjell e Dhë kam matur e peshuar:

Po që të gjitha i hodha n'erë!

S'jam I thellë veç në Verën e kulluar.

115

Kur isha i ri, kujtonja se e gjeta

 Pallatin ku shkëlqente e Vërteta:

Tani q'u mplaka di që s'dija gjë

E që s'di hiç nga Bota dhe nga Jeta.

116

Kur isha i ri, me zell, me mall po milnja
Doktorë me Shënjtor' e trobolitnja

Të thella argumenta: Po përherë

I marrë hynja dhe m'i marrë dilnja.

117

Me ta të Lartën Urtësi e mbolla,

Me dorën tim' e rrita, e pështolla,

 Dhe kjo ish tërë pema që m'u fal:

 "Si ujë zbrita, dhe si erë dolla!"

118

Në Botë, dhe pa ditur as përse

As nga, po rrjeth pa dashur si rrëke,

 Dhe jashtë saj si er' e shkretëtirës,

Pa ditur ku, po frynj te Nat' e Re.

119

Si zog nga pylli sterr' u arratisa,

Për një fole në ferr' e driz' u grisa:

Po prijës që di Udhën gjëkunt s'gjeta,

 Nga dera q'u vërsula jashtë krisa.

120

Me Ujë Hiçi Balta m'u gatua,

Zemra me zjarr e vrer m'u përvëlua:

 Fryra në Botë si një flag' e^marrë

 Dhe shkrumbi im në tym u çkatërrua.

121

Ç'fitoj me ardhjen time Gjithësia?

Me ikjen a m'i prishet bukuria?

 Përse me kaqë lot po vijm' e ikim?

Pyes më kot, - s'përgjigjet Perëndia.

122

Kur shoh një faqelule bukuri

Syëngjëll, erëmyshk, e shtatselvi,

Pyes: Pse, Zot, këtë Huri e çove

 Në këtë fushë plot me lot e plot me zi?

123

Si flagë digjemi: Ku shuhemi?

Si tym vërvitemi: Ku turemi?

Si fishkemi e shtrydhemi, kufoma

Në llomë kllitemi: Ku mbruhemi?

124

Të kthjellët lindim dhe të mvrojtur vdesim,
Me gas ia nisim dhe me vaj ia presim:

Me lot e zjarr e vrer të përvëluar

Në tym shpirt japim e në Varr po zbresim.

125

Këtu që nga pa dashur po kërcasim

 Dhe që këtej pa dashur ku po shkasim?

Kupë mi Kupë Verë sillnani

Këtë mallkim t'a mbytim e t'a vrasim.

126

Në Botë s'ndisnja, po s'më ke pyetur!

 Në varr s'kërcisnja, po s'më ke pyetur!

Zot, më zvarrnise me pahir, se s'lintnja

As rronja as vdisnja, po s'më ke pyetur!

127

Në Vijën që përshkruanj në Jetim

 S'gjenj Pikënisje, s'gjenj Pikëmbarim:

 Nga arthmë s'pamë dhe ku vemi s'dimë,

Hiç krej, Hiç mezi, Hiçi përfundim.

128

Një Qark, si un' e ti, po përvijojmë,

Që jemi lark e s'piqemi vajtojmë:

Po në një Pikë po e mbyllim Qarkun

Dhe puthemi në Varr, në Hiç pushojmë.

129

Nga qëndr' e Dheut në Qjell të Shtat' u ngjita
Në fronin e Saturnit u avita

 Dhe shumë lithma u kolla zgjitha udhës

 Po fatin e Njeriut nuk e shqita.

130

Një Derë ka që Çelësin s'ia gjejmë

Dhe ka një Vel, me sy s'e kapërcejmë:

Pak muhabet këtu, jo ti, jo unë,

Pastaj dhe un' e ti në tym këcejmë.

131

S'përgjigjet Dheu as Deti që mban zi

Me vala t'errëta për Perëndi,

As Dit' as Nat' as Hën' as Yjt' as Qielli,
S'përgjigjemi e heshtim un' e ti.

132

Dhe Qiellit rrotullonjës i thërrita

Dhe e pyeta: "Cila është Drita

Për djemt' e tu të humbur n'errësirë?"

"Një mëndje e verbër!" tha një zë nga prita.

133

Ahere Poçen po rrëmbenj si burrë

Dhe Zjarr' e Shënjt' e gjenj në këtë furrë;

Ajo më pëshpëriti buzabuzës:

"Pi, puth, se posa vdiqe, s'ngrihesh kurrë!

134

Dhe Poçja e skalitur dhe e larë

Ka rrojtur e ka bërë qef me barrë:

Dhe buz' e saj e ftohtë dhe e njomë

Sa puthje mund të japë dhe të marrë!

135

Kjo Poçe, si dhe unë, qe njeri

Q'u doq për një Gërshet e një Selvi:

Kjo dorëz ishte krah' e përqafonte

Vajzën e rrallë plot me Dashuri.

136

Një ditë, më të ngrysur në Pazar

Një Poçe po artonte një Poçar;

Dhe Poçja gjuhëmpirë murmuriti:

 "Ngadale, vlla, e mos me aqë zjarr!"

137

Punonte në dyqan të tij Poçari,

 Një Poçe po artonte nga pazari:

 Lëfyti ish nga kok' e një Qesari

Dhe dorëza nga dor' e një lipsari!

138

Qëndroje dorën, mor Poçar mizor,

Që garbe bën me trupin njerëzor:

Shiko, Khosroit në çark ia shtype zëmrën,
Dhe gishtin Feridunit mbretëror.

139

Njëditëzaj në qoshen jam penguar

Dhe ha! e theva Poçen e bekuar;

Më tha: "Si je, kam qënë, dhe si jam,

Ashtu dhe ti je nesër i dërrmuar."

140

Dhe mos kujto se Jeta rregullon

 Hesapin tënt e timin dhe mbaron:

 Flluska si ne ka Dete miriade,

Saki - Vigani derth e s'nëmëron.

141

Kur un' e ti të prehemi të mekur

Do të vazhdonjë Bota e pavdekur,

 Që ardhjen ton' e ikjen i përfill

Si val' e detit rërën e përpjekur.

142

Pas nesh kjo Botë tutje shkon një soj,

Dhe ty dhe mua na harron një soj:

S'e vuri re që diç mungon, kur s'ishim,

Kur vdesim, s'ndrron e s'ngel, vazhdon një
soj.

143

Mi Dhe e nënë Dhe gjum' i paprerë,

 Mi Dhe e nënë Dhe trupa të nderë;

Ah, Hiç kudo, e shkretëtir' e Hiçit!

Si hie vijm' e shkojmë në Skëterrë.

144

Dhe kur më kot mbi Tokën e pakapur

 Apo mbi Qiell, mbi Derën e pahapur,

 Sheh sot kur ti je ti, po nesër ç'bën

Kur s'je më ti, po hi në Hiç përhapur?

Rubairat

145

Do t'ikim doemos! Përse pra rrojmë

Dhe shpirtin me dëshira kot mundojmë?

 Mbi Dhë pa punë kur na arratisi

 Në Qiell shpëtim prej Tij si të shpresojmë?

146

Çudi, asnjë i vdekur s'dha një shenjë,

Asnjë s'u kthye Udhën të rrëfenjë

 Për Ferrin, për Parajsën a për Hiçin,

Po vet' u dashka cilido t'a gjenjë!

147

I varfëri nga mëndja po beson

 Që Shpirti krejt nga Trupi po ndryshon:

Po Vera e përgënjeshtron e para,

Se Shpirt e Trup në Dehje i bashkon.

148

Kur Shpirti muntka veten t'a çlironjë

 Nga Trupi dhe në Qiell të fluturonjë,

Nuk është turp e turp që Baltovina

Ta ndynj' e ta burgos' e ta verbonjë?

149

Si në një çerge ku pushon një grimë

 Sulltani i drejtuar në Greminë:

 Sulltani ngrihet, ikën, tenda çthuret

 E thuret përsëri për më të rinë.

150

Shpirt, i dënuar gjak për të pështyrë,

Për të duruar kot e kot tortyrë,

Në këtë Trup të ndyrë pse ke hyrë

Kur prapë jashtë paske për të fryrë?

151

Dërgova Shpirtin lart në Qjell mi retë

Dhe n'Errësirë posht' e tatëpjetë:

M'u kthye passi e zbuloj Mysterin;

Më tha kështu: "Parais' e Ferr jam vetë."

152

Qjell, vizion dëshire të mbaruar,

Ferr' hij' e zez' e Shpirtit përvëluar,

E hedhur n'Errësirën nga po dalim

Dhe ku po zbresim për të perënduar!

153

Kjo botë: Ëndrr' e shkurtër që shikojmë;

 Ky lumë: Gjyrm' e lotit që lëshojmë;

Ferri: Shkëndij' e zjarrit që kalojmë;

Parajsa: Çast' i prehjes që gëzojmë.

154

Shenjtorët dhe Doktorët, që bërtitnë

 Më kot për të dy Botët, u vërvitnë

 Në Pluhur: fjalët ua mori era,

Me Baltën e me Llomën u nemitnë.

155

Zbulimet, që Profetët na zbërthyen

 Dhe për këto mi Kryqe u mbërthven,

S'janë veç ëndërra që na rrëfen

Pas gjumit - dhe pastaj në gjum' u kthyen.

156

Arrinë gjer në kulm të Diturisë,

I ndritnë si pishtarë Njerëzisë:

 Po n'Errësirën Udhë s'çanë dot,

U mbytnë nëpër gropa t'arratisë

157

Mysterin sa e sa më kot po tarrë

 Gjer sot asnjë përgjigje s'kanë marrë;

 Ç'gojë memece, Evë, puthe vallë

Që na ke bërë shurdhër e të marrë?

158

Një Vel Mysteri kemi për kufi,

T'a çponjë syri ynë s'ka fuqi:

Në gjoks të Dheut jemi si në burg;

Ajme! Sa e gjat e hidhur histori!

159

Nga Qjelli e Vërteta nuk zbret,

Me Dij' e Shkencë Udha nuk iu ngjet:

Se Udhë s'ka, se s'na e kap dot truri

 Dhe syri ynë gjurmën ia humbet.

160

Ç'e shtyri këtë Qjell të rrotullonjë

Dhe ç'dorë më në fund do t'a dërrmonjë
S'gjendet në Botë kurrë kut t'a masë,

S'gjendet asnjë kandar që t'a peshonjë.

161

Natyra ësht e mbetet një çudi,

Enigmat nuk ia zgjith dot asnjeri:

Askush s'del dot nga qarku i forcës tij,

Dhe mbetet mjeshtri plak çirak i ri.

162

Qarkove tërë Tokën? S'është hiç!

Gërmove tërë Botën? S'është hiç!

Thellove dokra Feje, kokra Shkence,

Ia çmove Fatit Rrotën? S'është hiç!

163

Në hapsirën Dheu: Koqe kumi!

Dija dhe Shkenca jonë: Fjalë lumi!

Njeriu, kafshët, lulet: Flluska brumi!

Jeta dhe lufta jonë: Ëndrra gjumi!

164

Kjo Botë me shkëlqime s'është hiç

 Ky Qjell me Serafime s'është hiç!

Ky fron i Jetës plot me ëndërrime

Na varret mi një qime, s'është hiç!

165

Nga Rrot' e Fat e Zot s'kuptova hiç

Dhe veç dyshimeve s'fitova hiç:

Për Dijen shtatëdhjetë vjet luftova,

Më kot i humba, nuk zbulova hiç!

166

Të paskan parë ca të shenjtëruar

  Kur unë me qiri të kam kërkuar:

Bëj ç'munt, po je dhe mbetesh i mbuluar;

  S'të gjenj gjëkunt; më ndje, Zot i bekuar!

167

Ah, këtë copë rrojtje mos e nxi

  Rrotull Mysterit - shpejt, mor djal' i ri:

  Një qime ndan Gënjeshtrën nga e Vërteta
Dhe përmi çë, të lutem, varesh ti?

168

Një qime ndan Gënjeshtrën nga e Vërteta

  Dhe Çelës një Elif të vetëm gjeta:

Gjeje dhe ti, si un' e verbëri

Dhe nofta shkojmë drejt te Vetë Jeta.

169

Rrjeth tinës në çdo dell, në çdo krijesë,

   Dhe shket si hidrargjir nga çdo kërkesë:

Çdo formë merr; të gjitha format shuhen,

   Ay s'po vdes. - s'ka funt' e s'ka mbaresë!

170

Posa e devijojm' e na shpëton

Prapa kurtinës ku dramatizon

Të vjetrën lodër të përjetëshme,

Që Vet' e vepëron, Vet' e shikon.

171

Cazmorët   që   me   Kupën   po   festojnë,
Shenjtorët që Xhamive vigjëllojnë

   Në Det humbasin pa liman, pa funt;

   Një rron e s'fle, të tjerët flejn' e shkojnë.

Rubairat

172

Me mall e tërë bota e kërkon,

As kamës as i varfër s'e zbulon:

Bërtet, po vesh' i shurdhër s'e dëgjon,
Shkëndit, po syr' i verbër s'e shikon.

173

Qan pika: "Ah! Sa lark nga Deti jam!"

 Dhe Det' i Jetës qesh: "Më kot po qan;

Se tok të gjithë jemi Perëndia,

Një qime vetëm, Koha, po na ndan.

174

Parad' e zbrazët, ëndërr është Bota,

Dhe s'gjëndet nga qysh i kthehet Rrota:

Me Dehje dhe me Gas i zbukurohen

 Iluzionet, gjepurat e kota.

175

Nga vallë lint kjo Fantazmagori?

S'tregohet dot, e vetëm kaqë di:

Ngrihet si re nga Det' i Gjithësisë,

 Kthehet si shi në Detin pa kufi.

176

Se lart e posht' e rreth sa po shikojmë,

Të gjitha një fener magjik formojmë

Me Diellin si një qiri në mest

Dhe në përqark fantazma vijm' e shkojmë.

177

Jemi një lodër shah me net' e dit'

Ku Fati njerëzit si gur' i qit:

Andej këtej i lot, i vret' i ther –

Dhe një nga një t'i hodhi në kutit.

178

Dhe topthi as për po as jo s'pyet,

 Po fluturon për ku Lodrari e nget:

Ay q'e heth në lëm' e di përse –

A e di - Ay e di vërtet.

179

E Madhja Dorë shkruan me shkëndijë,

Dhe fletën kthen: Dhe asnjë fjal' a vijë

Nuk ësht e mundur kurrë që të shuhet

Me lotë a me lutje a me dijë.

180

Doktorët, fillosofët le të flasin,

Nga thonjt' e Fatit nukë do të shkasin;

 S'jemi veç hallka në Zinxhir e s'mundim

As t'ikim as t'a thyejm' as t'a ngasim.

181

Dhe ky çetur përmbys, ky Qjell i vrarë

Ku të burgosur rrojrrë e vdesim zvarrë:

 Mos i kërkoni ndihmë sypërpjetë,

Se rop si ju vërtitet, mor të marrë!

182

Njeriu i funtm' u mbrujt nga Balt' e Parë,

Të korrët sot del nga e Para Farë:

Mëngjesi i parë i Krijesës shkroi

E funtmja ditë ç'gjë ka për të parë.

183

Qëkurse Gjithësia u krijua

Dhe Qielli me gjith' Yj kur u gatua,

Një kopsht për Trupn' e Shpirtin m'u caktua,
Ashtu sikundër m'u predestinua.

Rubairat

184

Çdo dell m'u tor prej Zotit me Hardhi;

Ah! le të llomotit ay Sufi:

Un' e kam gjetur Çelësin për Derën

 Ku leh ay me buj' e patërdi!

185

Ç'm'u dirse e ç'm'u thave si skeleti

Për Pus Mysteri e Labirinth Kësmeti!

 Në dorën tënde s'mbeti pllan i Botës;

Allahu, kur e bëri, s'na pyeti.

186

Ç'kërkon të gjesh nga rrodhi Bota?

Gëzo të sotmen, ler belat e kota.

 Ç'më qahesh? Zaret s'munt t'i loç

Veç se ashtu si t'i ka hedhur Rrota.

187

Kur vete mirë, lavdi pastë Zoti!

Kur vete keq, më kot po derdhet loti:
S'pyetesh as për gas as për vajtim; Durim! -
Kështu i Urti tha qëmoti.

188

Ka vetëm për të marrët lumëri,

Për t'Urtët s'ka veç vrer e qesëndi:

Pi Verën pra, e cila të marton

Me motrat Lumëri e Çmendëri.

189

Shigjetat m'i pusho, o Fat, aman!

Për plagët e miplagët nem derman!

Posa të marrët mpron, Baba, tamam,

 Jam fjesht Yt bir, i urt' i mënçur s'jam.

190

Dinaku Fat po buzëqesh, kij mendjen!

Se befas me kamçik t'a ngjesh, kij mendjen!
Helm si sheqer të kllet në gojë shpesh,

Mos e gëlltit, të vret rrëbesh, kij mendjen.

191

Jetesa rregullisht pas Urtësisë

S'i është e mundur kurrë Njerëzisë:

Se Zoti Fat me një kamçik në dorë

Na prin nëpër hendeke t'arratisë.

192

Muzikën Qiellit nuk ia kam dëgjuar,

Buzën e qeshur, nuk ia kam shikuar:

Pa marrë frym' i lumtur për një çast
N'Avushën prapë më ka qerthulluar.

193

Me vrer për ditë Fati po na ndes,

S'jep gas që s'na e vjeth me interes:

Ta dinte i palinduri s'na linte,

I linduri më mirë bën kur vdes.

194

Pa prerë më ndjek këmbakëmbës nëma

Me lot vjen dita dhe pa prehje mbrëma:

T'a dinte ç'flamur helmi kish në bark,

S'më nxirte në mejdan askurrë mëma.

195

Dritën ma nxive, Zot, zemrën ma theve,

Gazin ma çore, shpresën ma rrëmbeve,

Ujën që pi ma bëre vrer dhe erën

Që respironj në zjarr ma ktheve.

Rubairat

196

Khajam, që Tendën e Mësimit rrite,

Në Furrën e Greminës ja ku zbrite:

Ta pret gërshër' e Vdekjes pen' e Jetës,

Nga thonjt' e Fatit me tërbim u shqite.

197

U çqepa e u ropa, Zot, shëromë!

Nga Rrot' e Kryq u ngropa, Zot, shpëtomë!

Një her' e mir' e tok, jo copra-copra,

Si top me vrap te gropa sot shkelmomë!

198

O Zot, më mirë shuaj nga tefteri

Shpirtin e një të ziu e të mjeri

 Se sa t'a rritësh pikë-pikë prruan

Ku rrjedhin njerëzit si vala vreri.

199

Sikur të merrte Engjëll' i bekuar

Librën, që Fat' i shkretë më ka shkruar,

 Për ta rishkruar, për ta mirësuar,

Ose më mirë fare për ta shuar!

200

Të gjëndej ah! Luadhi i Mëshirës,

Ku t'arratisurit e Shkretëhrës

 Të preheshim, dhe qindra vjet pastaj

Të ngjallëshim, si lulet, pas dëshirë.

201

Të kisha aq! fuqi prej Perëndie,

I jipnja shkelmin kësaj Gjithësie

 Dhe krenja Botë tjatër ku të kishte

 Çdo plotësim dëshire dhe lirie.

Rubairat

202

Të mirat Botës son' ia studiova,

Kudo pa vënt, pa hie ia zbulova:

Lavdi me Ty, o Zot! Të pakën unë

Nga çdo e mirë u shkelmova.

203

Ah! Vera shkon në derë të myftinjve

Dhe Kryevegla n'arkë t'axhaminjve:

E Bukura e Dheut fle në shtrat

T'evnukëve, në djep të çiliminjve!

204

Mos qaj, or mik, mos u mërzit më kot,

 Se Rrotën Botës nuk ia ndreqim dot:

Po rri mënjan' i qet' e bëj sehir

 Shakatë që na bën i Madhi Zot.

205

Profetët le të lehin hu mi hu

Për Providenc' e Perëndi më tru:

Eni, me Poçen shtrojani këtu,

Dhe losni me Atë që lot me ju.

206

U dashka që ta lë ballsamn' e Verës

Nga frik' e zez' e vrerit të Skëterrës,

Ah, për shërbetn' e Qiellit që do t'pi

Kur të më thahen koskat prapa ferrës!

207

Kurani thotë, Qielli ka Huri

Të bukura dhe Verë me gosti:

Posa pra ësht' ashtu, o Perëndi,

Stërvitem që këtu e që tani!

Rubairat

208

Në qoftë se Parajsa jote s'qas

 Veç se ata që lodhen me namas

 Dhe s'duan Ver' e Vajza, pa dyshim

Asnjë njeri s'të hyn n'atë kafaz.

209

Parajsa paska Vajza sy shkëndija,

Me Ver' e mjaltë, lum' e kronj e vija:

Saki, më sill një Kupë shpejt!

Më mirë Në dorë njëja sot se nesër mija.

210

Ay që ka në zemër Urtësi

S'lë asnjë çast t'i shkonjë pa dobi:

Po adhuron një Dashuri qiellore,

Dhe Kupën kap me Ver' e zbras Dolli.

211

Të Madhit Muhamet i çon selam

Dhe e pyet Imami Omar Khajam:

"O Pejgamber, më thuaj, mor aman,

Pse dhallën bën hallall, Verën haram?"

212

Përgjigjet Muhameti me selam:

"S'më more vesh, Imam Omar Khajam!

Dhalla hallall për lolot, mor aman,

 Verën për t'Urtët nuk e bënj haram!"

213

Kur pi, disa besnikë plot me Shpresë,

Më thonë: "Vera është armik i Fesë".

 O burrani pra, Kupat mbushini

T'ia pimë gjakun qenit të pabesë!

Rubairat

214

Posa e bëri Zoti në fillim,

Flardhinë pse ma thurrni me ndalim?
Thomëni, kur s'e njihni për bekim,

Kush e ka vën' atje këtë mallkim?

215

O vlla i mjerë, mos u mbyt në zi;

Së Vijës Vreshtës bëji Dashuri:

Nga nën' e ëmbël rrodhi bij' e keqe,

Po Bija ka më tepër bukuri.

216

Vera, vërtet, më dolli e pabesë.

Se më largoj prej Zotit e prej Fesë,

Po fajn' e ka Sakiu: S'ia di vlerën;

Kur t'ia mësonjë, nukë do t'm'a shesë.

217

Dëfrimet që kam dashur më verbuan,

Në sy të Botës krejt më turpëruan:

Ma mbytnë nderin në një Qelq të lik

 Dhe namin për një metelik ma sbuan.

218

Dhe shpesh kam bërë bë që të pendohem;

Po a jam esull vallë kur betohem?

Se posa shoh Hardhi e Trëndafil,

Pendohem për pendimin e zotohem.

219

Pjaniku nukë shpëton dot nga Vera.

Faqia iu nxi, ia mori namin era:

Saki, më sill ca Verë! Cip' e çjerrur

Më s'qepet dot as zbardhet dot Skëterra.

Rubairat

220

Pa Verë këtë Jetë nuk e rronj dot,

Pa kupë barrën, vrerin s'ia duronj dot:

Jam mirë vetëm n'atë çast kur shokët "

Dhe njëzë!" thon' - e unë smëkatonj dot.

221

Kur s'pi, jam krejt i fishkur dhe i tharë,

 Kur dehem, mbytem, bëhem pus i vrarë;
Kërkonj pra mezin, Jetën çakërqef:

As that' as qull, po lagur leht' e larë.

222

Me Poçen nënë sqetull, me Kuran në bres,

Kur drejt, kur shtrëmbër, kur për djall bares:
Ajme! S'kam Din e s'kam Iman e s'jam

As i Krishter' as Mysliman as Putperes.

223

As kisha as Xhamia nuk më nxe,

Allahu më gatoj s'di me ç'hile:

Si grua pa lezet, Dervish pa Fe,

Në Qiell pa shpresë, dhe pa shtek mbi Dhe.

224

Besnikëve në Kisha dhe Xhamia

 U çthurret zemr' e shpirt me çqetësira:

Po sa Sekretin e Natyrës studiuan

S'i trëmp dot Qiell e Ferr me kotësira.

225

Shpesh shpirti sulet nga kafazi t'ikë,

Nga Lloma në Liri pa fre, pa frikë:

Po thik' e Sheriatit ia pret krahët

Dhe e çalon, e ngrin, e mpin si pikë.

226

Xhami e Kish' e Tempull: robëri!

Këmban' e Minare: një patërdi!

 Dervish e Prift e Hoxh' e Kryq e Hënë:
Pengime që të gjitha për Liri.

227

Në Labyrinth të Besëve kërkova,

Me Porosi e Dogma u qarkova:

 Po u gënjeva; s'gjeta lule fare

Dhe vetëm driza Legëra zbulova.

228

Fe kundër Fesh pa funt luftojnë,

 Rrobat e çjera gjithënjë arrnojnë:

 I hodha që të gjitha tej e tutje,

Se Perëndinë s'e përfaqësojnë.

229

"Allahu ësht' i math!" çiren, këlthasin,

Nga gjëm' e tyre tunden e kërcasin,

Për ditë pesë herë Minaretë:

Ay s'degjon. Vajtimet kot buçasin.

230

Disa bërtasin Dogma dhe Besime,

Të tjerë çfryjnë dokrra dhe mohime:

Po kujve u zbulohet e Vërteta?

Askujt! S'qas pran' as mu', as ty kjo Trime.

231

Si, qysh! Nga Hiç' i vdekur të na marrë

E të na japë Shpirt e të na varë

Zgjedhë mi zverk për gazin e ndaluar

Me zjarr e Ferr pa funt për çdo të shkarë?

Rubairat

232

Si, qysh! Nga krijatyra të kërkonjë

Flori për Baltën e të na gjykonjë

Për borxhe që s'ia detyrojm' aspak

  E që s'ia lajmë dot! - O Djell, o Shkronjë!

233

Nga tmerr' i Perëndis' e me pahir

Padrejtësinë nuk e quanj Hir:

Sepse kur s'thom të Drejtën me çekan

  S'qas dot në buzë Qelqin Xhevair.

234

Adamin nga Parajsa pse, o Zot,

E dbove kur na je mëshirëplot?

Për mëkatarët është Hiri Hir;

S'e Hir ku na e jep me djers' e lot.

235

Mëshirë! Mbytem në mëkat, në llomë,

Shpirti m'u err, o Perëndin, ndriçomë;

Jo si çpërblim për vepra që s'bënj dot,

Po darovisht Parajsë, Hir dhuromë...

236

Ti hiqma Udhën, ti shpëtim rrëfemë

Ti çilma Derën, Zot, dhe përdëllemë:

Ata që flasin n'emrin tënt gënjejnë;

Nga thonjt' e tyre, Perëndi, zbërthemë!

237

Vetëm fajtorët, ne, kemi besim

Që mirësia jote s'ka mbarim:

Me një pendim, kush nuk e bën të keqen

Dhe kush e bën s'të kan' asnjë ndryshim.

238

Ëmbël gjykon në Qiell Mëshir' e gjërë,

 Po s'më pëlqen kjo Drejtësi me vërë:

E mira e pabërë s'ësht e bërë

E keq' e bërë nuk është e pabërë.

239

Që ke Mëshirë në Kuran e pashë

Dhe kurrë një mëkat pa bërë s'lashë:

Më thua se më ndih në të këqia;

"Më keq se un' a ka?" o Zot, të thashë.

240

Të mirat një nga një m'i nëmëro,

Të ligat togje-togje m'i spastro:

 Ashtu më bëre dhe ashtu të dolla,

Mëshirë pra dhe Drejtësi trego.

241

Khajami varkn7 e fajeve e shtoi

 Dhe egjërën nga shpirti s'e qëroi:

Po s'dëshpërohet sa për Hir Qiellor.

Se Njënë kurrë Dy s'e nëmëroi.

242

Kundër së keqes shpirti më lëfton,

Me turp e vrer mëkatet m'i kujton:

 Kam shpresë se m'i fal Mëshira jote,

 Po prapë turpi mbetet e s'pushon.

243

Mëshirë lyp për shpirtin e burgosur

 Mëshirë lyp për gjoksin e brengosur:

Fal dorën që Gërshetet përkëdhel

Fal buzën e që puth Qelpin e Xhindosur.

244

A mundin farisjanët zëmërngrirë

 Për ty të bisedojn' e për Mëshirë?

Na djek në Ferr me zjarr, o Zot, na thënke!
Gjetkë m'i shit ato! Të njoh më mirë!

245

Derën e Shpresës e kam mbyllur vetë,

S'dua të shoh njeri e rronj i shkretë:

Një Ndihmës vetëm kam, Ay e di,

Ay e di ç'kam vojtur nga kjo Jetë.

246

Me bindje Mbretërin' un' e ta rrit?

Me fajet Madhështin' a ta çukit?

Mos më punit, po falm' - o Zot - se the

Q'i fal mëkatet shpejt - von' i punit.

247

Me gryk' e zemër' - o Zot - kur më krijove

Dhe Ver' e Vajza ballazi më shtrove,

E dinje pa dyshim që do t'u sulem:

S'kam faj! Kam bër' ashtu si e caktove!

248

Fytyrën Vajzës ia stolis me gas,

Me Lule, Hën' e Diell ma përqas,

Pastaj më porositi të mos e ngas!

Tamam: përmbys Dollin' e mos e zbras!

249

Me baltë më gatove: ç'faj të kam?

Me lesh e li m'arnove: ç'faj të kam?

Mi ballë dhe të Mirën dhe të Ligën

Me Urtësi m'i shkrove: ç'faj të kam?

Rubairat

250

Me Llome, dhe me Pluhër kur na kreve

 Të Mirën dhe të Ligën na përzjeve:

S'fëjejmë dot pa dijën tënd' e lejën;

Qysh nesër pra na djek në Ferr të Feve?

251

Kur t'erren Tok' e Qiell nga Kijameti

Dhe të përmbyset Bota nga tërmeti,

E kap për robe Zotin e i thom:

"S'të kemi faj! S'na dbon dot nga Xheneti!"

252

Vullnet përveç Vullnetit tij s'të ka,

Për veprim Ay liri s'më la,

Si deshi Vetë, çdo gjë ësht e bëhet:

Kundër s'i vete dot, - a bën shaka.

253

Më la të verbër e më vuri trap

 Në Labirinth të Jetës në çdo çap:

 Më shtyn të bie brënda dhe pastaj

 Si mëkatar e si rebel më kap!

254

Rebel t'u sulkam, pse s'më shtyp për dhe?

 Në sterr' u ngulkam, Dritë pse s'më dhe?
Parajsën si një rrogë kur e çkulkam,

Mëshirën, Mirësinë ku m'i ke?

255

O Ti, që me pusi dhe gracka thure

Greminën e përlotur ku na prure,

Që me Predestinatën na mbërtheve,

 Dënime për mëkate qysh na vure?

256

O Ti, që njerëzit me Balt i tore

Dhe në Parajsë Gjarpërin na nxore,

Për çdo mëkat që faqen po na nxin

Epna e merrna ndjesë njerëzore!

257

Më dhe të mjerit mua sqojtësirë

Të mjaftë sa të mbytem n'errësirë:

Po sikur t'ishe Vet' - o Zot - njeri,

A do t'a deshe këtë tru të mpirë?

258

Në nisje dorëhapur, buzëqeshur,

Me forc' e me shkëlqim më pate ngjeshur:

Tani më çjer e më përmbys përdhe!

Përse? Ç'të bëra që më le të çveshur?

259

Jetën këtej, Vdekjen andej më dhe,

E nesër do t'më shtypësh nënë Dhe:

Veprën e bukur, Zot, përse e prish?

 Në qoft' e keqe, fajin Vet' e ke...

260

Pa Vetëdije miriarde vjet

 Më le në Botë. Si ma jep, ma pret:

Kur dije q'e merr prapë, ç'ma dhurove?

 Përse më ngjalle, kur pastaj më vret?

261

Zot, pse ma theve Poçen e skalisur?

Zot, pse ma thave Kopshtin e stolisur?

Tani më thuaj, cili ësht i dehur:

Un' apo Ti, që sillesh si i krisur?

262

Kush rroj mi Tok' e s'mëkatoj? Më thuaj!

Ay që s'mëkatoi a rroj? Më thuaj!

O Zot, kur keq për keq m'a kthen një lloj,

Mos qënkemi të dy një soj? Më thuaj!

263

Më linde pas dëshirës fuqiplote,

Më le të mbytem nëpër llom' e lote;

Tani tregomë ç'është më e fortë:

Mëkati im, apo Mëshira jote?

264

O Zot, barrën e Jetës lehtësoma

Nga syt' e turmës çdo kusur mbuloma:

Nem paqen sot dhe pas Mëshirës sate
Kësulën, kokën nesër rrotulloma.

265

Ti, që sekretet na i di të gjithëve,

Që në shtrëngic/ e zi na ndih të gjithëve,

Prit mbrojtjen dhe pendimin tim, o Perëndi,
Ti, që për hiç u fal Lavdi të gjithëve!

266

Vinj në Xhami, po jo të të gënjenj;

Kur jam atje dëfrim në zemër ndjenj

Dhe ikënj shpresëplot: Vënd më të mirë

 Të lahem e të fle ku munt të gjenj?

267

O Zot, nga vetja ime Ti shpëtomë!

Te lartësia jote Ti afromë!

Esëll, të Mirën e të Ligën njoh:

Dua t'i mbyt e dehem! - Mëshiromë!

268

Khajam, me shpirt e zemër plot mallkim,

 Që digjesh në Skëterr' e në Vajtim,

Prej teje Zoti a kërkoj drejtim?

Cili je ti, që po m'i jep mësim?

269

Kur Ramazani ish më të mbaruar

Dhe natën prisnin Hënën e gëzuar

 Në Furrën e Poçarit isha shtruar

Prej Poçeve dhe Shtëmbave rrethuar.

270

Çudi! Si njerëz, mbledhur në Pazar,

Ca Poçe bisedonin plot me zjarr;

Dhe befas një prej syresh pa durim:

"Kush është Poçe, tha, e kush Poçar?"

271

Një tjatër tha: "Ah, punën e dëfteu

 Qëkur Ustaj nga Balta na zbërtheu:

 Pra, dyke qenë një Krijesë Dheu,

Andej na mori dhe atje na ktheu!".

272

Një tjatër tha: "As foshnja pa gjykim

 S'e thyen enën që i dha dëfrim:

Qysh pra Ay që na krijoi me mall

Po na dërmon, na çqyen me tërbim?"

273

Kësaj nuk iu përgjeq askush; po shtoi

Një poçe e shëmtuar dhe pa soj:

"Më tallin si të shtrëmbër; mos dridhej

 Ustajt të vëngër dora, kur m'artoi?"

274

Një tjatër tha: "Na trëmbin me kazan,

 Me Ferr e furr' e Djall e me katran,

Me Gjyqe, me vërdalla: Janë profka!

Se Zoti ka Mëshir' e ka derman!".

275

Një tjatër Poçe tha me psherëtim:

"Mua më latë fare në harrim;

Pa lagmëni, vaditmëni me Verë,

 Dhe ja, e mblodha veten pa vonim."

276

Edhe kështu kurr Poçet bisedonin,

Të gjitha Ffënën prisnin e përgjonin;

Dhe thirrën pasandaj me brohori:

 "Vjen një Saki!" dhe Verën lavdëronin.

277

O Zot, o Drit' e Vetëm e Vërtetë,

Më lumërofsh a më dënofsh përjetë,

Me Ty kungonj më mirë në Tavernë:

Se në Xhami s'të puth - e s'rri dot qetë.

278

E gjeti dhe e çpalli Shënt-Elliu

Burimn' e Jetës q'ëndërroi njeriu

Dhe m'a tregoi: Tani s'i çkulem dot!

Ver' e Pavdekësisë më përpiu!

279

Këtu paraja kallpe nukë shkon,

Se menjëherë fshesa e spastron;

Një Shenjt na thirri në Tavernë: "Pini!

S'ka Jetë tjatër! Vdekja na përgjon!"

Rubairat

280

Në Jetë si mi Detin udhëtojmë

Dhe shpejt a vonë mbytemi dhe shkojmë:

Po kemi Zotin midis nesh sa herë

Me Verën e bekuar po kungojmë.

281

S'do Trëndafili? - Gjëmbin prap' e kemi;
Parajsa s'qas? - Në Ferr të lirë vemi:

Çfryn Minareja? - Ja, gjëmon Këmbana,
N'Alltar Kungata pret në re prej kemi!

282

Më thoni që do t'digjem në Skëterrën,

Se adhurova Dashurin' e Verën: Aspak!

Ju kini vetëm një Ndërmjetës,

Unë kam dy: Kungatën edhe Verën.

283

Një plak të shënjtë, t'urt e mjekërgjatë

 Kam parë që vraponte që menatë;

I thashë: "Ku po shkon kështu, Uratë?"

Më tha: "N'Alltar për Mesh' e për Kungatë."

284

Shoqe të bukura, shokë të zgjedhur,

Me Këng' e Valle në Gërmadhën mbledhur,
Kungojm' e puthemi me Dashuri,

Përsipër Fes' e Qiellit jemi hedhur.

285

Rreth Qelqit u afroni: merrni, pini!

 Rrushkat me mall kujtoni: merrni, pini!

Se Vreshta tha: "Ky është Gjaku im,

Q'u derth për ju! Kungoni: merrni, pini!"

Rubairat

286

Mystikërisht me frikë iu afruam

Me Bes' e Shpres' e Dashuri kunguam:

Nga Vetja ikm' e tarm' u transformuam,

 Në Vreshtën e Vërtet u transplantuam.

287

Te ShpelT e Shenjtë, natën, nga Alltari

Një Engjëll dolli me stoli prej ari,

Ngre lart Kungatën Vresht' e Xhevair,

Ma zgjat - fjesht Rrush! – Puth Qiellin mëkatari!

288

Rrush, Ver' e kuqe, si rubin që rrjeth,

Që qesh nga gryk' e shishes kur të derth,

Je gjak, i zemrës që kërkon Çlirim.

Kristali, lot i syrit, rreth të ngjeth.

289

Rrush, Rrush, që me Logjikë absollute

Të gjitha sektat nëpër vrima i fute,

Rrush alkemist, që pisën na e zbardhe

Dhe plumbin Jetës si flori ia zbute.

290

Rrush, o Sulltan Mahmud, o Ngadhënuar,

Ti helmet e ti tmerret ke larguar

Nga shpirti yn' i ngrysur e i ndryshkur,

Me shpatën tënde ti na ke shpëtuar.

291

Na fryn në zemër gas e ngrohtësi,

Na thur mi krye drit' e bukuri,

Na çkul nga dimr' i djeshm, e brym' e pritme,
Na thyen hekurat, na fal Liri.

Rubairat

292

Së largu shtaz' e ndyrë u afrua,

Sytym, xhybekatran, as burr' as grua,

Na tha: "Vera prej Dinit u ndalua!"

Na theu Poçen dhe u shenjtërua!

293

Mor Hoxh' i egër, m'a mbaro qërtimin,

 Mos m'ulëri në dasmën dhe dëfrimin:

Kap me tepsie Qiellin dhe bekimin

Lërmë Hurinë, Poçen dhe mallkimin.

294

Mor Hoxhë, një gjë vetëm më dhuro,

 Beko pa folur, mos më prediko:

Un' ecënj drejt, ti ecën fare shtrëmbër,

Se je i vëngër; sytë çap shëro!

295

E ëmbël është Vera në Dolli,

E ëmbël Harpa, Vallja me Huri:

 I ëmbël është çdo besnik që s'pi

Kur lark një mijë parasanga rri.

296

Me etjen Tavernarin e gëzonj

Dhe supet me mëkatë i ngarkonj:

Kështu Mëshir' e Zotit hyn në punë,

Se myshterinjtë gjithënjë ia shtonj.

297

Lus Verën, jam pjanik: po, ashtu jam!

Pagan e heretik: po, ashtu jam!

Të sajin më kujton çdo Fe: Jo, s'jam!

I Vetes jam besnik: Po, ashtu jam!

Rubairat

298

Kam parë një hermit pa Ligj' e Fe,

Syrgjyn nga Qielli dhe nga çdo Atdhe;

E njoha dhe pyeta duke qarë:

Më trim se ky, o Zot, në Bot' a pe?

299

Të vjetrit shok' e miq më neveritnë,

Të rinj' ato të vjetrat përsëritnë:

Tani kam hequr dorë nga çdo mik;

Kurrë Besnikë miq mi Dhe s'u rritnë.

300

Ky mik i zëmrës, ku më var çdo shpresë,

Hap sytë! t'ësht armik m'i pabesë:

Miq mos kërko në turmën posht' e lart;

Të puthi kush? - Largohu pa vonesë!

301

Miq mos kërko nëpër pazaret kurrë;

Vrerin që s'ka shërim e pi si burrë:

Më kot mos lyp nga miqtë ndihmë; hesht,

Prit buzëqeshur nga armiqtë gurë.

302

Të lik të bëjnë, kur fiton lavdi,

Dhe intrigan, kur rron në vetëmi:

 Qofsh pra Profet prej Qielli, Shënt-Elli,

 Më mirë mos u njih, mos njih njeri.

303

Mos qas veç shokë t'Urtë në shtëpi,

 Largohu nga të marrët pa kufi:

Kur t'ep i marri mjaltë hidhe tej,

Kur t'ep i Urti vrer, e merr, e pi.

Rubairat

304

Të marrët, të stolisur, syverbuar,

Që kurrë me kandilin e pashuar

S'kanë kërkuar natën Drit' e Shkencë,

Asnjë të Math' s'na lanë pa çnderuar.

305

Rrëmbyen mall, nemuriet e ar

Dhe t'Urtin plak e t'urët shkëncëtar

E quajnë Gjaur, se s'beson prralla,

Se s'qas mi supet, si ata, samar.

306

Çudi, që parësi' e titulluar,

Nga skllavëria kalbur, shtazëruar,

Kur shohin një të varfër po të lirë,

E quajn 'a të marr' a të mallkuar.

307

Nga Bot' e Lartë një Myster m'u zgjith;

Me ty, Njeri, Krijes' e tër' u thith:

Je djall e ëngjëll, shtaz' a lule e pisë;

Je ç'dukesh: pamja me çdo gjë të lith.

308

Njeriu qënka thelb' i Gjithësisë

Dhe drit' e syrit t'madh të Perëndisë:

Qarku i Qënies qënka si Unazë

Me vulë xhevair 'e Njerëzisë!

309

Kemi në Qiell një Ka me yj të shkruar

Dhe nënë Dhe një tjatër të mbuluar:

Kështu në syt' e Perëndisë jemi

Kope gomarësh prej dy Qesh rrethuar.

310

Te Bot' e murmë dhe e trubulluar
Dy farë shtazash janë lumëzuar:
Ata që paskan çdo gjësent zbuluar
Dhe sa s'të kanë as gjësent mësuar.

311

Ari s'lint Mënt, po Mënt që bukë s'kanë
Në kopsht të Dheut qajnë si n'hapsanë:
Qesh Trëndafili se ka qesen plop
Kur Vjollc' e varfër kokën var mënjanë.

312

A dini pse Zambakun dhe Selvinë
I quajmë simbole për Lirinë?
Kjo një qint duar ka po s'vret e s'vjeth,
Ay me dhjetë gjuhë s'e kafshon njerinë.

313

Më mirë bukëthat e rrobëçqyer

Me ujë rro, i lirë, poçethyer,

Se sa tiran prej skllevësh gjakpërlyer

A skllaf në zgjedhë shtypëse mbërthyer.

314

Mos e përdor për shtypje sqojtësinë,

Mbaj veten, zotëro me fre mërinë:

Në daç të shkosh në Paqen e përfuntme,
Goditje prit, po mos godit njerinë.

315

Lakmim' i Trupit ngjan me qen të lik,

Që leh pa frmt e gjumin na e fik:

Si dhelpër shket, si ljepur fle syhapur,

Na çjer, na copëton si ujk armik.

316

Në leqet e ambicjes mos u zir,

Nga thonjt' e avaricjes mos u çirr;

I mprehtë zjarr, rrëkë i shpejt' u prir,

Si pluhër n'erë mos u drith, u tir.

317

Sa kohë nerva, gjallësi gëzoni

Me burrëri dhe dinjitet qëndroni:

Përballni dhe armiq si Rustem Zalli,

Nga miq si Taj dhurata mos pranoni.

318

Harxhova jetën kot nëpër këneta

Dhe asnjë pikë lumërie s'gjeta:

Tani kam frikë se u mplaka, shkonj,

E s'provonj dot si duhet rrojtur jeta.

319

Ah, nesër Botën plot shamat' e lashë,

Nga qindra xhevaire njëz' i dhashë:

 Pa folur kanë mbetur qindra fjalë,

Se nuk i merrte vesh kjo Bot' e trashë.

320

Ah, nesër ndahem nga e murmja Botë

Ku shkova një jetesë krejt të kotë:

 Asnjë s'kam zgjidhur prej Enigmave;

Dyshimi më ka shtypur nënë rrotë.

321

Ah, nesër Fati do të na gremisë

Dhe çdukemi nga Kopsht' i Dashurisë:

O Vajzë, sillmë Ver' e lagm' e puthmë,

 Dhe prapë nem gëzinuV e djalërisë.

Rubairat

322

O Hën' e shpirtit tim e pavenitur,

Ja, Hën' e Qiellit del nga ret' e ndritur:

 Sa herë do të dal' ajo si sot –

E kot në kopsht për në ka për të pritur!

323

Tavern' e Shenjtë na u çthur me vrima,

Veriu vërshëllen, na grin thëllima:

M'a bëni baltën tulla e m'i mbyllni

Të mos më ngrijnë Verë shokët trima.

324

Për Vdekjen s'dridhem as derth fare lot;

M'e mirë gjë në Botë s'gjëndet dot:

Trëmbem nga Jeta që i Madhi Zot

Më kot m'a dha - e un' ia kthenj më kot.

325

Pas Vdekjes nukë dua veç pushim;

Se sy e shpirt m'u tretnë me vajtim:

Më keq se sa kam vojtur në Ferr s'ka;

S'dua Parajsë! S'dua veç harrim!

326

Miq, shpresa, Qiell e Tok' e Djaj më lanë,

 Zi brënda, lart' e posht' e anembanë:

Veç Verës s'më ka mbetur tjatër mik,

Dhe dua dhe në Varrin t'a kem pranë.

327

Me Verë, kur t'ap shpirt, kungomëni,

Me Verë lamëni, bekomëni,

Me fletë Pjergulle pështillmëni,

Në kopsht me Këng' e Rrush mbulomëni.

328

Me Pemë, Trëndafij e me Hardhi

Varrin stolismani, qëndismani:

Rreth   meje   buzëqeshur   shtrihuni
Sperkatmëni me Ver' - e pihuni!

329

Që Varri im me Ver' e rrush të shirë

Tym, afshë lëshonjë si një Tirë

Sa kur të shkonjë Mysliman' i mirë

 Si në pusi të dehet i papirë.

330

Dhe kur të shkosh, moj Dor' e këmb'
argjënde Për të gostitur miqtë n'ato vënde,

Ku pinim bashkë, e t'arrish ku rri,

Mos psherëti! - po zbrasmë Kupën tënde.

331

Dhe kur të shuhem nënë Dhë të zi

Dhe kur të bëhem prapë Balt' e Hi,

Mbrumëni Poçe, mbushmëni Dolli

- Dhe shihni po s'u ngjalla përsëri!

Rubairat

KOMENTET E RUBAIREVE

SIPAS NUMRIT:

1.   - Kjo Rubai ka dy thumba: një kundër islamizmës, e cila ndalon Verën7 dhe një kundër sufizmës asketike, e cila ndalon dashurm' e gruas.

Vargu i dytë tingëllin si Post mortem nulla voluptası e romanëve të vjetër. Kështu Omar Chajami na çfaqet krejt hedonist, domethënë dishepull i Shkollës fillosofike greke, e cila predikonte gëzimin e jetës sensuale pa masë dhe pa fre dhe e cila nuk ndryshonte shumë nga Shkolla e poetit grek Anakreont, që ka kënduar dhe lavdëruar Verën. Edhe Shkolla epikuriane, e themeluar prej fillosofit grek Epiku, vinte si qëllim kryesor të njeriut gëzimin e jetës, po me masë dhe me fre, e sidomos në një mënyrë më tepër intelektuale se sensual.

2.   - Fati s'ka kuptimin e kësmetit oriental po të ligjeve të natyrës që rregullojnë botën dhe shpesh të Perëndisë vetë, i cili

është tërësia e këtyre ligjeve. Gjithatë kuptim kanë dhe fjalët Rrot' e Fatit, Rrot' e Qiellit, a vetëm Rrota, persisht Çark. Aqë epikurianët sa dhe stoikët e besonin Perëndinë në këtë formë, po të parët e bënin të pamëshirtë dhe krejt të çkujdesur për fatin e njeriut, kur të aytët e bënin më të butë, më paternal2 dhe e quanin me emrin popullor Baba Zeusi. Pas këtyre të funtmëve, Jupiteri ishte i vetëmi perëndi, dhe shikët e tij të mythologjikë të Olympit nuk qenë veç çfaqje të ndryshme të tij. Omar Khajami duket sikur beson më tepër në një Perëndi pas Shkollës epikuriane, se këtij i drejton shpesh ankesa për pashpurtësin' e tij, po në caste dëshpërimi i pëlqen të besonjë në një perëndi pas Shkollës stoike dhe ahere i

1) Post motem nulla voluptas (lat.) - pas vdekjes nuk ka asnjë kënaqësi.

2) Paternal - atëror, prindëror.

lutet këtij si një Babaj për ndihmë dhe mëshirë. Po për Perëndin' e feve semitike, Omar Khajami ka vetëm tallje dhe atake virulente.

3. - Kjo Rubai, ajo që pason, dhe disa të tjera më tutje, predikojnë gëzimin e ditës pas fjalës së Romanëve të vjetër "Carpe diem".

5. - Fe të Natës, se e nxijnë jetën e njeriut mbi Dhe, dyke i dhënë shpresa të kota për një Parajsë në Qiell që nuk ekziston.

7. - Pas besimit popullor në Persi, Bilbili bie në dashuri me Trëndafilin. - Rubini - gur i çmuar i kuq, i cili përqaset me Verën.

9.   - Xhamsidi (Xham -Shid, Mbreti - Diell) besohet që themeloi Persepolin' e vjetërsisë (persisht Takht-i-Xhamshid ose shkurt Xhamshid) dhe të kremten e Motit të Ri (No Ruz) të Diellit në ditën e ekinoksit të Marsit. Ky mbret legjendar thuhet që zbuloi i pari virtytet e Verës dhe ky kishte Qelqin Magjik, të quajtur Qelq Xhamshid, që ishte burimi i urtësisë dhe ku pasqyrohej e tërë bota. Këtë qelq e kishte artuar Kaj-Khosroj, mbret i dinastisë Kajane, stërnip i Kaj-Kobadit dhe i Kaj-Kavusit. Që të tre këta luftuan vjete me radhë për të çliruar Persinë nga invazja e turanianëve të Turkestanit, të udhëhequr prej mbretit Afrasiab. Kaj-Khosroj e mtmdi përfundërisht dhe e vrau në një betejë të madhe. Që të tre këndohen e lavdërohen si kryetrima prej Firdusit në vjershën e tij epike me famë "Shah-Name".

10.   — Mars' i Ri, Mot' i Ri (No-Ruz) në tekstin dhe në versionet e ndryshme. U preferua Marsi në këtë version për dy arësye:

e para se Mot' i Ri i persianëve niste më 21 të Marist dhe festohet gjer sot si e kremtja pagane e Prënverës; e dyta se Marsi, në gjuhën e populht tonë, i përmbleth që të dyja kuptimet e No-Ruzit persan, edhe Prënverën edhe Motin e Ri.

Gërmadhja (10) - tempuUi zardushtian, i quajhir kështu se ishte përgjithësisht në gërmadhat e qyteteve të vjetra të prishura. Fetë persane të Zardushtit e të Mithrës përdomin Verën për Kungatë si të Krishterët, dhe kishët e tyre ishin të rrethuara prej vreshtësh.

Dor' e Moisiut, e bardhë si dëborë pas legjendës, i stolis pemët me lule të bardha.

Frym' e Krishtit e ngjall tokën e vdekur prej dimrit dhe i jep një jetë të re gjelbërimi.

12. - Lil-i - zambaku, i cili shëmbëllen me kupën.

15.   - Josefi i Egiptës ishte për persanët simboli ibukurisë fizike dhe morale, e cila i kushtoi sakrificë dhe vojtje. Trëndafili i kuq si gjak është lulja e tij. Është zemërflori si zemra e Trëndafilit.

16.   - Tufan-i, er' e marrë e përdreshur, ciklon, farmirë.

20.   - Dolli-a, fjalë turqishte e përdorur në Toskëri, kupa plot me të pirë.

21.   - Huri-a, vajza paradisiake që u jipet besnikëve muha- medanë si çpërblim në jetën tjatër.

22.   - Shpell' e Verës, gërmadhja zardushtiane, katakomba mithraike, kasha e krishterë, ose tavem e zakonshme.

25.   - Qabe-ja (arabisht Ka' aba), një gur i rënë prej qielli në Mekë, i cili adhurohet prej muhamedanëve.

26.   - Dashuria për Bashkimin me Perëndinë ishte një term i sufinjve. Këta pra i interpretojnë me një mënyrë mistike të gjitha Rubairat Khajamiane mbi Dashurinë.

36. - Zefirë, e ëmbël dhe e lehtë si Zefiri, era e perëndimit.

39.   - Nur-i, fjalë arabishte, e cila në shqipen ka kuptimin e aureolës, kurorës prej drite.

40.   - Poeti e do të dashurën e tij të gjatë si qiparis (turqisht selvi) dhe nga kjo merret vesh që s'kishte aspak shijen e orien- talëve, të cilët preferojnë gratë rrumbullake dhe të kolme.

46. - Sirenat, vajza të bukura mythologjike që rronin në një nisi të shkretuar, ku i tërhiqnin aniet dhe i dërmonin nëpër shkëmbinjtë.

47. - Mjeshtëria epigramatike e Omar Khajamit duket në këtë Rubai me tërë forcën e saj. Përshtypja e parë është që poeti s'kërkon për lumërin e tij veç gjëra fare të paka. Po kur e thellojmë shohim që kërkon në katër vargje të gjitha gjërat e bukura të jetës të cilat, sikundër ka thënë Alphonse Daude-i, i ëndërrojmë vjershtorët dhe i realizojnë tregëtarët. Këtu mund të shohim sa hyjnë në punë fjalët me kuptime të ndryshme si Verë, Pjergull e Gërmadhë. Buka është ushqimi i tërë trupit; Vera, gëzimi i jetës sensuale, intelektuale dhe mystike; Harpa, muzika; Vjersha, letrëtyra dhe arti; Pjergulla e Gërmadha, një villë me hardhi, me lyule dhe me bukurit' e natyrës, një kështjellë e Lirisë së Mejtimit, një tempull i perëndishmë; e dashura Hën' e Zanë, gruaja shoqe me fëmijën dhe çdo gjë që lidhet me Dashurinë pas kuptimeve të saj të ndryshme.

48. - Daullja, simbol i fuqisë, gjëmonte tërë ditën përpara pallateve mbretërore të Persisë. Është për të vënë re se, kur pothua të gjithë poetët persanë këndojnë dhe

lavdërojnë Sulltanin e ditës, Omar Khajami s'ka shkruar asnjë Rubai as për Malik Shahun, nënë mbrëtërimin e të cilit ka patur mbrojtje. S'kishte asnjë simpathi për regimet absollutiste të Orientit dhe slënte rasje për të bërë propagandë kundër tyre. Ka qënë armik i fanatikëve, që shtypin Lirin' e Mejtimit, sa dhe i tiranëve që shtypin Liritë politike.

51. - Aluzion ironik në Parabolën e Ungjillit ku quhet i çmendur i pasuri që i thotë shpirtit të tij: "Haj, pi e dëfre!Pas kësaj Rubaie, është marrëzi e kotë çdo përpjekje për lavdit' e Qiellit e të Dheut.

Rragë-a, sherr, shamatë.

56.   - Iram-i një qytet i vjetër, i çdukur krejt nënë pluhurin e shkretëtirës.

57.   - Xhamshid e Kaj-Kobad, qytete të vjetra të çdukura, të emëruara pas mbretërve që i themeluan. Kaj-Kobadi, themeltar i dinastisë kajane, që mbretëroi në Persi, pas dinastisë pishdadiane, dboi nga Persia Afrasiabin, mbretin e Turkestanit, dhe e çliroi vëndin nga invazja e huaj.

58.   Rustem-i, kryetrim legjendar, si Herkuli i mythologjisë greke, luftoi nënë mbretrit Kaj-Kavus e Kaj Khosro kundër hiranianëve t'Afrasiabit për çlirimin e Persisë

nga zgjedha e huaj. Zall-i, i ati i Rustemit, ish ay që e bind Kaj-Kabadn të pranonte fronin dhe të niste luftën kundër invadorëve. Që të dy, at' e bir, këndohen prej Firdusit në "Shah-Nama".

Taj-i, si Lukuli i Romës, kish famë legjendare në Persi për pasurinë, zjafetet dhe shpirtmadhësin' e tij.

60. - Shqotë-a, futuna.

61. - Saki-u, verëgostitësi.

68. - Jeta përqaset shpesh prej Omar Khajamit me një Han a Karvan-Saraj, ku qëndrojnë udhëtarët për një kohë të shkurtër e pastaj ngrihen e shkojnë përgjithënjë.

73. - Poeti e quan veten trashëgimtar të Verëpirësve dhe Lirimejtonjësve që kanë vdekur.

76-78. - Pas këtyre Rubairave të stërholla, të vdekurit ngjallen në formën e luleve, për të cilat shërbejnë si ushqim. Gjaku heroik i Qezarit rilind si trëndafil i kuq; gjaku delikat i Vajzës me ulli në faqe na jep manushaqen dhe lëndinën e njomë anës lumit.

Qezar, në Rubairat khajamiane, ka gjithënjë kuptimin e kryetrimit e jo të mbretit. Dhe ata prej mbretërve që përmenden kanë qenë liberatorë e kryetrima.

87. - Bahram-i ose Bahram Guri, një prej mbretërve të mëdhenj të Persisë nga dinastia Sassaniane, u mbyt në një pellk, dyke ndjekur një Gomar të Egër legjendar. Kishte, pas legjendës, shtatë palate dhe në çdo pallat nga një të dashur.

88. - Kjo Rubai s'mund të kthehet n'asnjë gjuhë aq mirë sa në gjuhën tonë për arësyen që fjala ku, me të cilën poeti imiton vajtimin e Qyqes, ka gjithatë kuptim në shqipen e në persishten.

89. - Tus-i, një qytet afër Nishapurit. - Kujë-a, vajtim. - Kaj, mbret. - Përqasni fjalët e Hamletit në skenën e varreve.

91. - Aristoteli, themeltar i Shkollës peripathetike, sintetizoi tërë dijën e vjetërisë greke dhe dominoi mejtimin e botës gjer në Përlintjen italiane. Ndonëse dishepull i Platonit, ay vetë ka qenë realist.

92. - Tirë-a, një govatë e madhe ku shtydhen rrushtë për verë.

97. - Poçari, Perëndia, bën një Poçe Kryevepër, njerinë, pastaj

e vërvit përdhe dhe e dërmon. Poeti e përqas shpesh njerinë me një poçe, meqenëqë pas Dhjatës së Vjetër Perëndia e krijoi njerinë nga balta e Dheut dhe meqenëqë njeriu thyhet e vdes aqë lehtë sa poçja.

102. - Domethënë hedonist e epikurian buzëqeshur në jetë, trim stoik në vdekje.

Xhebraili, Gabrieli, engjëlli (sipas Biblës V.B.) që merr shpirtet bashkë me Shën-Mëhillin.

103. - Ngjërojmë, shijojmë.

110. - Sheri-a, Sheriati, Kanuni i shenjtë islamik.

116. - Përqasni këtë Rubai me nisjen e monologut të Fausitit të Gëtes që mbaron me fjalët: "Da steh" ich num, ich armen Thor, und bin so klug als ëie zuvor" (Shqip: "Dhe ku jam unë lol trutharë/ aspak më i mençur se më parë.")

122. - Në këtë Rubai Omar Khajami na çfaqet feminist7 dhe qan hallin e Gruas, gjë krejt e rrallë në Orient, ku gruaja është përdorur gjithënjë si kafshë dhe është konsideruar që nga koha e Adamit gjer sot si burimi i të gjithë mjerimeve. Është për të vënë re që n'asnjë Rubai nuk shohim gjysmë fjale

kundër Gruas, e cila na paraqitet pothua kudo e idealizuar.

129. - Aluzion në zbulimet astronomike të poetit.

Saturni, një prej planetëve, besohej që ishte Mbreti i Qiellit të Shtatë.

133. - Poçet e Rubairave flasin dhe bisedojnë, se janë artuar nga balta e njerëzve të vdekur.

136. - Hamleti në shkenën e varreve çfaq një mejtim si ky mbi përdorjen e baltës së burrave të mëdhenj si Aleksandri dhe Jul Qezari.

138. - Feridun-i, mbret nga dinastia pishdadiane, që mbretëroi përpara dinastisë Kajane e Zokakut të Pashpirtmë dhe konsiderohej si ymek i Shahut ideal.

140. - Saki-Vigani, natyra, e cila derth njerëzit si flluska.

145. - Si fillosofi gjerman Schopenhauer pas tetë shekujsh, Omar Khajami kishte kuptuar që vojitjet më të mëdha të njeriut shkakëtohen nga mosngopja e dëshirave të tij.

147. - Omar Khajami, si mejtimtar, nuk beson që Shpirti është një gjë e ndarë prej Trupit;

po si poet, i përlqen ta imagjinojë si një gjë të perëndishme, si një Sulltan që banon ca kohë në Trup, si në një çergë a tendë, dhe pastaj ikën që ta lëshonjë vëndin për të tjerët.

154. - U nemitnë, u janë mbyllur gojët, u bënë memecë.

158 e 159. - Omar Khajami kishte kuphiar që truri i kufizuar i njeriut nuk munt t'i kapë sendet e pakufishme si Perëndia dhe Gjithësia. Shtatëqint vjet pastaj, fillosofi gjerman Kant e provoi këtë theori me një mënyrë shkëncëtare: truri i njeriut i kufizuar prej kohës dhe hapësirës nuk mrmt ta kuptonjë Perëndinë, i cili s'ësht' i kufizuar as prej njërës as prej tjatrës.

166. - Tallje për të gjithë profetët e ndriçuar që pretendojnë se e kanë gjetur Atë që nuk gjendet dot.

168.   - Elif, Perëndia, meqenëqë emr' i tij Allah në arabishten nis me këtë letër, po kjo Rubai nuk provon që Omar Khajami ishte monotheist në kuptimin islamik a të krështërë. Elifi këhi nofta ka kuptimin e kryenisjes së filosofëve grekë, domethënë prapë të Perëndisë, po me një kuptim metafizik. Këtu duhet përmendur që Shkolla pythagoriane besonte që Gjithësia është një

Harmoni muzikale, e cila mund të matet me numra, me mathematike, dhe numri një, i shkruar me letrën greke a ose me letrën arabe elif (I), është baza e Harmonisë muzikale të Gjithësisë, domethënë Perëndia Vetë. Nofta Elifi ka kuptimin e Njësisë s'Eksistencës (Uahdat-ul-Vuxhud) pas Shkollës moniste.

169. - Nga kjo Rubai duket që Omar Khajami besonte në një kantheizëm a monizëm si ajo e fillosofit grek Heraklit. Pas këtij Gjithësia që shohim nuk është veç Trupi që ndronn forma i një Shpirti të pandrruar që nuk e shohim dhe që ay e quante Arësye. Herakliti ishte pesimist dhe i mvrojtur. Demokriti, një fillosof m'i pastajmë, ishte gjithënjë buzëqeshur.

173. - Dhe kjo Rubai është pantheistike.

174. - Nga heraklitian i mbrojtur që na u çfaq në rubairat e mëparëshme, Omar Khajami në këtë Rubai na çfaqet demokratian buzëqeshur.

175. - Rubai pantheistike.

176. - Fener Magjik, fanus-i, khajal i tekstit, njëfarë feneri cilindrik me piktura përqark, që vërviten rreth qiririt në mes. Përdoret edhe sot në Hindustan.

177.   - Lodra Shah, lohet mi një dërrasë, të ndarë në katërçipe të bardha e të zeza, me mbretër, mbretëresha, oficerë, kalorës, kulla dhe ushtarë.

178.   - Topthi, i lodrës persane Çugan, inglisht Polo. Nga Rubairat 177-182 duket sikur Omar Khajami besonte në një farë determinizme të pamëshirtë, ku vullneti i lirë i njeriut s'ka asnjë vënt.

181. - Çetur-i, një misur a çanakx rrumbull prej druri ku labërit hanë çorbën a përsheshin. Qielli përqaset shpesh prej Omar Khajamit me një çetur të përmbysur. Poeti - astronom di që Qielli me Yjt' e tij nuk është veç një skllaf i ligjeve të Natyrës si dhe njeriu.

182-184. - Pasi na përshkroi me një forcë demoniake theorin' e determinizmës së shkollave epikuriane dhe stoike, Omar Khajami kthehet në doktrinën e predestinatës fetare, e cila është motër me determinizmën fillosofike dhe me fatalizmën popullore, dhe pas së cilës Perëndia i ka rregulluar që në krye të herës punët e botës dhe jetën e njerëzve me një mënyrë të caktuar dhe absolute. Omar Khajami është gati ta studionjë e nofta ta besonjë determinizmën si një theori të bazuar në

fakte, ndonëse të tmeruar, po për pre-
destinatën rezervon talljet më të hidhura, se
Perëndia i deter- ministëve nuk kërkon
hesap, kur Perëndia i predestinistëve fetarë
kërkon një hesap me qime, pa pahir asnjë të
drejtë. Për shëmbëll, Omar Khajami është i
shtrënguar të pijë verë, se ashtu ishte e
shkruar prej Perëndisë që ditën e parë të
krijesës, se Ay Vetë ia tori q'ahere dejtë me
Rrush e me Hardhi dhe bëri fare mirë, se
kështu poeti me anën e Verës gjeti Udhën e
Çelësin e Derës për Bahkimin me Perëndinë;
për të cilën bëjnë patërdi më kot Sufinjtë
mystikë dhe asketikë.

187. - Kundrejt rqedhjes së punëve të botës e
të jetës, të cilat i besonin të caktuara prej
lidgjesh të përjetëshme, epikurianët
këshillonin Buzëqeshjen dhe stoikët
Durimin, si të vetëmin ilaç për votjet e
mjerimet.

189. - Tallje me titullin "Baba" që i jipnin
stoikët Perëndisë, ndonëse e besonin të
pamëshirtë si Fatin, dhe me besimin e tyre
që i Urti i afrohet Perëndisë. Eksperienca e
hidhur e ka mësuar Omar Khajamin që
Perëndisë i afrohen të marrët, se këta
mprohen më tepër prej Tij.

190-191. - Fati vazhdon. Omar Khajami nuk është Baba, po një armik dinak, i cili na vë pusira dhe na shtie nëpër hendeke; nuk mund t'i afrohemi me sjellje të urtë, se as na qas pranë as na lë më rehat kur rrimë mënjanë; nuk na udhëheq, po na arratis me kamçik.

192. - Tallje me theorinë pythagoriane të Harmonisë muzikale të Gjithësisë.

193-199. - Rubaira pesimiste, ku vdekja tregohet si një shpëtim nga tirania e Fatit të pamëshirtë. Si duket, në ca rasje, poeti as duronte dot si stoik as buzëqeshte dot si epikurian.

196. - Llagapi i poetit Khajam n'arabishten ka kuptimin e tendëbërësit.

201-203. - Tallje me Perëndinë providenciale të feve semitike, i cili i ka rregulluar të gjitha me urtësi dhe për të mirën e njeriut

204-205. - Në këto Rubaira Omar Khajami adopton qëndrimin e Buzëqeshjes epikuriane, ia shtron me Poçen e Verës dhe i fton shokët të lozin me Fatin ashtu si lot ky me ata.

206-207. - Rubaira antifetare dhe tallje kundër racionalistëve suninj, të cilët përpiqeshin të pajtonin doktrinat e islamizmës me fillosofinë dhe shkencat. Pas Omar Khajamit, të gjitha këto doktrina janë absurde.

211-212. - Hallall, haram, fjalë arabishte të tekstit persan, të cilat kanë gjithatë kuptim dhe në shqipe. Pas interpretatës së Omar Khajamit, Kurani, nuk e ndalon Verën me një mënyrë të prerë për të gjithë besnikët.

215.   - E Bija e Vreshtës, Vera.

216.   - Me Kuran në bres, se jipte mësime për Kuranin dhe Sheriatin, në të cilat ishte aq i fortë sa dhe në degët e tjera të diturive.

Putperes, pagan, fjalë persishte e përdorur edhe në Shqipëri.

230. - Pas Omar Khajamit, janë të lajthitur aqë dogmatikët besonjës sa dhe dogmatikët mohonjës, se e Vërteta nuk i zublohet askujt me një mënyrë të caktuar dhe absolute. Rubaira si kjo na e çfaqin mejtimrarin persan krejt modem.

233. - Kjo Rubai është jetërshkrimi i shkurtër i Omar Khajamit: Kryetrim i Lirisë së Mejtimit, i patrembur përpara Qiellit e përpara Dheut, thotë të drejtën me çekan, se po të mos e mbaronjë detyrën e tij

burrërisht, nuk munt të "kimgojë" me
ndërgjegje të qetë. Nga kjo pikëpamje, Omar
Khajami është dishepull i fjeshtë i stoikëve,
të cilët e quanin mbarimin e detyrës gjer në
funt si misionin më të lartë e më të shenjtë të
njeriut.

241. - Islamizma ka vetëm një dogmë,
monotheizmën, besimin në Një Perëndi. Në
këtë dogmë Omar Khajami deklaron se ka
qënë besnik tërë jetën, dhe nuk gënjen, se ka
besuar Një Perëndi të Vetëm pas mënyrës së
tij, po nën këtë dekllaratë besnikërie
islamike fshihet një thump: që monotheistët
e feve semitike e nëmërojnë "Njënë Dy" posa
besojnë që Dielli ka fuqi për të bërë të keqen
kundër dëshirës së Perëndisë. Pra, kur thonë
se besojnë më Një Perëndi, a gënjejnë a
gënjehen, se monotheizma e tyre është me të
vërtetë një dualizmë. Dhe kështu Omar
Khajami del mysliman m'i fjeshtë se
sunninjtë. Sido që të jetë, kjo Rubai, ajo e
Elifit (Nr. 168) dhe Rubairat e Pendimit, ku
poeti i lyp Perëndisë mëshirë - natyrisht me
thumba të mbuluar - përdoreshin prej
khajamianëve për të provuar që Omar
Khajami ka qënë mysliman i mirë
veçanërisht në kohën e pleqërisë. Populli
qetësohej lehtë nga kjo pia fraus, shumica e
intelektualëve buzëqeshnin posa besojnë që

Djalli ka fuqi për të bërë të keqen kirndër dëshirës provohet prej dokumentesh të vjetra na e përshkruajnë Omar Khajamin ashtu si ka qenë me të vërtetë.

243. - Kjo Rubai e Pendimit me thump të mbuluar është tipike: Omar Khajami lyp mëshirë për dorën dhe buzqën e tij dhe lë të nënkuptohet që shpirti i tij s'ka faj, posa u burgos në një trup prej llome.

251. - Kijamet-i, fjalë arabishte, Ngjallja e të Vdekurve në Gjuqin e Funtmë.

255.   - Nëqoftëse Perëndia, pas doktrinës së predestinatës, ka caktuar që në krye të herës fatin dhe veprat en ejrëzve, qysh pastaj i dënon mëkatët e tyre, të cilat ishin të shtrënguar t'i bënin, posa ashtu ish e shkruar?

256.   - Kjo Rubai është një variantë e Fitzgerald-it, po pasqyron besnikërisht frymën e disa Rubairave khajamiane: posa Perëndia e bëri njerinë prej balte dhe posa i lëshoi Gjarpërin në Parajsë, njeriu do të bëhej doemos mëkatar. Pra, s'ka faj vetëm njeriu, po edhe Perëndia, dhe duhet ta ndjejnë njëri-jatrin.

258. - Perëndia është dorëhapur dhe buzëqeshur për njerinë në kohën e djalërisë,

pastaj në pleqëri e çierr dhe e shtrin përdhe. Përse?

260. - Pas doktrinës së predestinatës, ish e caktuar prej Perëndisë që Omar Khajami të lindë një herë dhe pastaj të vdesë. Poeti pra e pyet Perëndinë: përse ma dhurove jetën kur e dije që do të ma marrësh prapë?

261-262. - Ka një legjendë për këto të dy Rubaira: një mbrëmë, kur Omar Khajami ishte shtruar me shokët për tëp irë, fryri befas një er' e marrë dhe ia theu poçen e verës. Poeti i zemëruar e apostrofon Perëndinë me Rubainë 261, dhe vë re në pasqyrë që i ishte nxirë fytyra nga kjo blasfemi. Ahere e apostrofon me Rubainë 262. Ësht' e tepër të thuhet se aqë kjo legjendë sa dhe të gjitha të tjerat që janë çpikur për të shpjeguar Rubairat e ndryshme kanë vlerë vetëm si prralla të bukura. Rubairat 261 dhe 262 shpjegohen më lehtw, po t'i japim Poçes kuptimin e trupit të njeriut, të cilin e thyen pleqëria. Poeti pyet: cila ësht' arësyeja për të cilën Perëndia na e thyen Poçen e na e than Kopshtin, Gëzimin e Shpresat e Jetës? Mos mëkatet e njeriut? Po njeri pa mëkat s'ka patur kurrë, dhe nga ana tjatër, nëqoftëse Perëndia na e çpërblen të keqen me të keqe, ahere cili është ndryshimi midis Tij dhe njeriut? Ahere Perëndia qënka anthropomorf8 dhe i shëmbëllen njeriut të zakontë gjakmarrës.

263. - Thumbi është në vargun e katërtë: nëqoftëse mëkati i njeriut është m'i fortë se Mëshira e Perëndisë, ahere Djalli, i cili e shkakëton këtë mëkat, është m'i fortë se Perëndia. Paskemi pra dy perëndira dhe jo një.

270. - Rubai pantheistike. Pas pantheizmës s'ka krijatordhë Krijese, se që të dyja, Poçari dhe Poçja, Ustaj dhe Ena, janë një.

278. - Pas një legjende, Shënt-Elliu ka gjetur Burimin e Jetës, uja e të cilit e bën njerinë të pavdekur.

282. - Venera, perëndesh' e Dashurisë.

285. - Aluzion në fjalët e Krishtit për Kungatën.

286. - Aluzion në fjalët e Krishtit: "Unë jam Vreshta e Vërtetë".

8) Antropomorf - prej gr. Antrhopos - njeri dhe morfa - formë; që ka pamjen e njeriut.

287. - Omar Khajami s'e fsheh simpatin' e tij për fetë persane të Zardushit e të Mithrës, të cilat përdornin Verën e Rrushit për

Kungatë. Meshët e tyre bëheshin natën tinës nëpër Shpellat dhe Katakombat nga frika e fanatikëve muhamedanë. Sikimdër merret vesh nga disa Rubaira, poeti i vizitonte shpesh dhe kishte miqësi të veçantë me priftërinjt' e tyre, të quajtur Magë a Magjistarë, se këta gostitnin me Verë të fjeshtë prej Rrushi, që nuk gjendej aqë lehtë dhe që ata e gatitnin me kujdes të veçantë pë shërbesat e tyre fetare.

288. - Kjo Rubai përshkruan Verën si lënk rrushi në të dy vargjet e para; dhe Verën si gjakun dhe lotët e martirëve të luftës për Lirin' e Mejtimit në të dy vargjet e funtme.

289. - Alkimistët, magjistarët medievalë që e ndrronin plumbin në flori.

290. - Sulltan Mahmudi, i përmendur këtu, ngadhënoi Hindustanin, pikërisht si perëndia e Verës Dionysos, dhe fjala është për këtë të futmin, se ky me lëngun e Rrushit i mbyt helmet në dehje dhe e shpëton shpirtin e njeriut nga tmeret fetare.

Rubairat 284-291 janë një farë Hymni a Dithyrambi i Verës, e cila përshkruhet si Kungatë mistike, si Gëzim i Jetës, si Mjek i Shpirteve dhe i Trupeve, si Mimdës i Feve të Natës, si Dritë dhe Çlironjës i Njerëzisë. Një dionysiak i vjetërisë nuk do ta kishte lavdëruar perëndin' e tij më bukur se Omar Khajami.

292. - Nga kjo Rubai duket që fanatikët nuk e linin poetin të "kungonte" qetësisht.

297. - Si duket, qëkur ish i gjallë poeti, çdo fe ia interpretonte Rubairat në mënyrë të pëlqyer për vete dhe e kujtonte Omar Khajamin të sajin. Poeti proteston kundër këtyre interpretative arbitrare.

298. - Hermiti i përshkruar këtu, është vetë Omar Khajami. S'është as besnik i nonjë feje, as qytetar i nonjë atdheu dhe refuzon t'u bindet ligjeve të tyre tiranike. Feja e tij është Liria e Mejtimit, atdheu i tij Njerëzia e Tërë; ligja e tij Liria politike dhe Drejtësia sociale. Omar Khajami, si stoikët, e ndjente veten e tij kosmopolit, qytetar të botës. Kjo Rubai tingëllon, si e thënë në shekullin e nëntëmbëdhjetë prej Zarathustrës së Nietzsche's. Me këtë Omar Khajami shëmbëllen në disa pika. Që të dy kanë qenë mejtimtarë, poetë dhe stilistë të mëdhenj, kosmopolitë, skeptikë dhe asiste- matikë, antifetarë, militantë, dhe që të dy kanë mbaruar si mystikë gjysmë-fetarë.

299-302. - Nga këto Rubaira duket që poeti në pleqëri ishte bërë krejt misanthrop.

303. - Të Urtët, në kuptimin e stoikëve, të diturit idealist, gjysmë-shenjtorë dhe burra të detyrës. Të marrët, të paditurit, fanatikë, hipokritët dhe materialistët9. Si duket nga Rubairat 304- 306, Omar Khajami s'njihte veç një aristokraci, aristokracinë intelektuale, se aristokratët e tihilluar i meprizon10 dhe i kllasifikon më të marrët, më skllevët dhe më zhtazët.

305-306. - Hipokritët aristokratë, për të rrëmbyer, bëhen skllevë në dy zgjedhë shtazëronjëse, n'obskurantizmën fetare dhe n'absollutizmën politike.

307. - Tallje me doktrinën sufiane, pas së cilës njeriu kishte tre shpirte, një të perëndishmë, një shtazëror dhe një vegetal.

309. - Kau i Qielli grupi i yjve i quajhir Konstelata e Demit. Kau nën Dhe i legjendës popullore arabe, i cili shkakëton tërmetin kur hmt kokën për të dëbuar mizat.

311. - Vjollca manushaqja, ishte për persët simboli i bujarisë dhe i bukurisë së varfër.

312-313. - Nga këto të dy Rubaira merret vesh që Omar Khajami Konsideronte si skllevë jo vetëm të shtypurit po dhe shtypësit. Burrë i lirë është ay, i cili as pranon zgjedhë për vete as u vë zgjedhë të tjerëve. Për një ideal Lirie, ku s'ka skllevë dhe hranë po vllezës dhe shokë, poeti rron në varfëri me ujë e me bukë të thatë. Është për të vënë re që Omar Khajami nuk aksepton theorin' e Aristotelit, pas së cilës njerëzit lindin të lirë a skllevë, po beson me shumë të drejtë që edukata mund ta bëjë njerinë të lirë a skllaf.

314-317. Këshillat e këtyre Rubairave janë të gjitha të shkollës stoike: disiplina e pasioneve, dashuria për njerinë, urrejtja e

9)   Materialistët - këtu: në kuptimin e njeriut të dhënë pas përfitimit material.

10)   Meprizon - përbuz.

102

tiranisë, lërimi i cilësive burrërishte dhe heroike.

319. - Nga qindra xhevaire Omar Khajami na dha vetëm njëzë, rubairat. Munt të shtojmë që mjaftojnë këto, me gjithë që na arrinë në dorë të sakatosura.

323. - Munt ta marrim me mënt ç'hidhërim ka ndjerë Omar Khajami në pleqëri, kur e shikonte Kështjellën e Lirisë së Mejtimit të

çthurur nga vrimat dhe gati për t'u rrëzuar nga dimr'i fana- tizmës.

Omar Khajam

FJALORTH

Më poshtë, po japim shpjegimet e fjalëve që na duken të nevojshme për lexuesin e sotëm. Në kllapa, pas fjalës, është shënuar numri i rubairës së cilës fjala i përket.

A

Artonte (136) - hartonte, gatuante, bënte.

Avaricjes (316) - dorështrënguarsisë, koprracisë.

Ç

Çerge (149) - cerge, mbulesë e leshtë, shatore e bërë me copë. Çetur (181) - çanak prej druri, enë e drunjtë me bisht, kupë.

D

Devinojmë (170) - zbulojmë, gjejmë.

E

Elif (168) - shkronja e parë e alfabetit arab.

F

Fatit (100) - këtu: "tërësisë së ligjeve objektive të natyrës". Fëjejmë (250) - bëjmë faj.

G

Garbe (138) - saksi e luleve.

GJ

Gjaur (305) - kaur, i pafe, mohues i fesë.

H

Hidrargjir (169) - gr. "hydr" dhe "arguros" (serm), emër i dhënë zhivës.

Huri (13) - hyri, e bukura e dheut.

K

Kam (31) - këtu: jam.

Kemi (281) - timjane, rrëshirë që, kur digjet, lëshon një tym me erë të mirë; përdorej në ceremoni fetare.

Krenja (201) - nxirrja, bëja, krijoja.

Kurtinës (170) - perdes.

M

Mija (209) - e mijëta, e njëmijëta.

N

Ngjërojmë (103) - shijojmë (Noli), provojmë një gjellë a një pije për të parë se ç'shije ka.

O

Onagre (87) - nga greq. "cenothere", quhet "bar i gomarit".

P

Parasanga (295) - masë itinerare e persianëve të vjetër (5.250 metra)

Patsha (19) - paça, le të kem.

Punit (246) - ndëshko.

Putperes (222) -pagan, fjalë persishte e përdomr edhe në Shqipëri. R

Respironj (195) - marr frymë, thith.

RR

Rragë (51) - sherr, shamatë.

T

Tirë (74) - kade e madhe që mbushet me verë.

Transplantuam (286) - tejmbollëm, ngulëm.

Trobolitnja (116) - tundja.

U

U predestinua (183) - u paracaktua nga fati apo kësmeti.

Më poshtë vijnë shpjegimi i disa fjalëve të veçanta dhe komentet që u bëri Noli rubairave. Me numrin në kllapa duhet të kuptoni rubairën.

Shpjegime fjalësh:

A

Aluzion (129) në zbulimet astronomike të poetit.

B

Bahram-i (87) - ose Bahram Guri, një prej mbretërve të mëdhenj të Persisë nga dinastia Sassaniane...

F

Fener Magjik, fanus-I (176) - khajal i tekstit, njëfarë feneri cilindrik me piktura përqark, që vërviten rreth qiririt në mes. Përdoret edhe sot në Hindustan.

Feridun-i (138) - mbret nga dinastia pishdadiane, që mbretëroi përpara dinastisë Kajane e Zokakut të Pashpirtmë dhe konsiderohej si ymek i Shahut ideal.

G

Gërmadhja (10) - tempulli zardushtian, i quajtur kështu se ishte përgjithësisht në gërmadhat e qyteteve të vjetra të prishura. Fetë persane të Zardushtit e të Mithrës përdomin Verën për Kungatë si të Krishterët.

H

Hermiti (298) - i përshkruar këtu, është vetë Omar Khajami.

I

Iram-i (56) - një qytet i vjetër, i çdukur krejt nënë pluhurin e shkretëtirës.

J

Josefi i Egiptës (15) - ishte për persanët simboli i bukurisë fizike dhe morale, e cila i kushtoi sakrificë dhe vojtje. Trëndafili i kuq si gjak është lulja e tij. Është zemërflori si zemra e trëndafilit.

K

Kaj (87) - mbret.

Kau i Qielli (309) - grupi i yjve i quajtur Konstelata e Demit. Kau nën Dhe i legjendës popullore arabe, i cili shkakëton tërmetin kur tunt kokën për të dëbuar mizat.

LL

Llagapi i poetit Khajam (196) - n'arabishten ka kuptimin e tendëbërësit. Putperes, pagan, fjalë persishte e përdorur edhe në Shqipëri.

N

Nga këto Rubaira (299-302) - duket që poeti në pleqëri ishte bërë krejt misanthrop.

P

Pas besimit popullor në Persi Bilbili bie në dashuri me Trëndafilin. Rubini (7) - gur i çmuar i kuq, i cili përqaset me Verën.

Përqasni këtë Rubai (116) me nisjen e monologut të Fausitit të Gëtes që mbaron me fjalët: "Da steh" ich num, ich armen Thor, und bin so klug als ëie zuvor" (Shqip: "Dhe ku jam unë lol trutharë/ aspak më i mençur se më parë.")

Q

Qesar (76-78) - në Rubairat Khajamiane, ka gjithënjë kuptimin e Kryetrimit e jo të mbretit...

R

Rustem-i (58) - kryetrim legjendar, si Herkuli i mythologjisë greke, luftoi nënë mbretrit Kaj-Kavus e Kaj Khosro kundër turanianëve t'Afrasiabit për çlirimin e Persisë nga zgjedha e huaj. Zall-i, i ati i Rustemit, ish ay që e bind Kaj-Kabadn të pranonte fronin dhe të niste luftën kundër invadorëve. Që të dy, at' e bir, këndohen prej Firdusit në "Shah-Nama".

S

Sulltan Mahmudi (290) - i përmendur këtu, ngadhënoi Hindustanin, pikërisht si perëndia e Verës Dionysos, dhe fjala është për këtë të futmin, se ky me lëngun e Rrushit i mbyt helmet në dehje...

SH

Sheri-a (110) - Sheriati, Kanuni i shenjtë islamik.

T

Taj-i (58) - si Lukuli i Romës, kish famë legjendare në Persi për pasurinë, zjafetet dhe shpirtmadhësin' e tij.

Tus-i (89) - një qytet afër Nishapurit...

V

Vjollca (311) - manushaqja, ishte për persët simboli i bujarisë dhe i bukurisë së varfër.

XH

Xhamshid e Kaj-Kobad (57) - qytete të vjetra të çdukura, të emëruara pas mbretërve që i themeluan...

Xhamsidi (Xham -Shid, Mbreti - Diell) besohet që themeloi Persepolin' e vjetërsisë (persisht Takht-i-Xhamshid ose shkurt

Xhamshid) dhe të kremten e Motit të Ri (No Ruz) të Diellit në ditën e ekinoksit (që bie më 31 mars, atëherë kur dita dhe nata janë të barabarta. V.B.).

Ky mbret legjendar thuhet që zbuloi i pari virtytet e Verës dhe ky kishte Qelqin Magjik, të quajtur Qelq Xhamshid, që ishte burimi i urtësisë dhe ku pasqyrohej e tërë bota. Këtë qelq e kishte artuar Kaj-Khosroj, mbret, i dinastisë Kajane, stërnip i Kaj-Kobadit dhe i Kaj-Kavusit. Që të tre këta luftuan vjete me radhë për të çliruar Persinë nga invazja e turanianëve të Turkestanit, të udhëhequr prej mbretit Afrasiab. Kaj-Khosroj e mundi përfundërisht dhe e vrau në një betejë të madhe. Që të tre këndohen e lavdërohen prej Firdusit në vjershën e tij epike me famë "Shah-Name". Xhebraili (102) - Gabrieli, engjëlli (sipas Biblës V.B.) që merr shpirtet bashkë me Shën-Mëhillin.

OMAR KHAJAM: SHPJEGIM E STUDIM I FAN NOLIT

Kur mësojmë se Omar Khajami ka rrojtur në zëmër të Asisë dhe ka vdekur tetë qint vjet më parë, është një lajthim të besohet që Rubairat kanë mbirë në tokën persane si për çudi. Përkundër, janë produkti natyral i kohës dhe i vëndit të tyre, të cilat ishin mjaft pëllore për të lindur të këtija lule të rralla.

Që në shekullin e nëntë gjer në shekullin e gjashtë- mbëdhjetë pas Krishtit, Persia ka patur një Përlindje kullture, diturie dhe letrëtyre, që produktoi një tufë mejtimtarësh, shkencëtarësh dhe poetësh të mëdhenj si Firdusi, Avicenna (Ibn-i-Sina), Omar Khajami, Attari, Nizami Arusi, Saadi, Rumi, Hafiz Shirazi, Xhami dhe Hatifi. Nga kjo Përlindje e shkëlqyer, që buron drejtpërdrejt nga qytetëria grekoromane, lindi Pëlindja arabe, e cila me anën e Spanjës influencoi Evropën medievale dhe gatiti Përlindjen e madhe italiane, nënën e qytetërisë moderne. Këtu duhet përmëndur që Averrosi (Ibn-i-Rushd), fillosofi arab, librat e të cilit kanë qënë për evropianët e Kohës Mesme pothua i vetëmi burim informatash për kullturën greke, ishte dishepulli i një Shkolle dijetarësh persanë të Bagdadit.

Si në çdo periudë qytetërie të lartë, ashtu dhe në kohën e Përlindjes persane ka patur një luftë të gjatë midis Lirisë Mejtimit dhe dogmatizmës fetare. Në shekujt përpara lindjes së Omar Khajamit, Persia ishte bërë sheshi i konfliktit midis feve të ndryshme, si Paganizma greko-romane, Zardu- shtizma e Mithraizma persane, Brahmanizma e Budizma hinduishte, dhe Judaizma, Kristianizma e Islamizma semitike. Që të gjitha lënë gjyrma të thella, dhe Islamizma, ndonëse preponderoi dhe zuri rrënjë, prapë nuk mundi ta spatronjë tokën persane nga influencat fetare të vjetra, të cilat vazhdojnë nën rrogos të forta dhe të paçkulura. Kundrejt këtyre feve qëndrojnë, si në një Kështjellë të Fildishtë, intelektualët persanë, të ushqyer dhe të rritur me urtësinë e vjetërisë kllasike, të cilët kulltivojnë fillosofinë, Shkëncat dhe Lirinë e Mejtimit. Po kjo kështjellë është në rrezik të merret nëpër këmbë prej islamizmës invandonjëse. Një pjesë e madhe e intelektualëve e shohin dishfatën që afrohet dhe janë të mëndjes të kapitullojnë me ca kondita, dyke gjetur një modus vivendi me fenë e re zyrtare; pjesa tjatër duan ta vazhdojnë luftën gjer në funt; përçarja bëhet dita me ditën më e thellë, dhe intelektualët ndahen në tre grupe armike: 1. Në grupin e Intransigjentëve, që s'akseptojnë asnjë pajtim me asnjë farë dogmatizme, që janë çiltas kundër islamizmës e çiltas për Lirinë e Mejtimit dhe kanë për simbol verën e ndaluar; 2. Në grupin e Mistikëve Neo-platonikë Sufinj, të cilët duan ta vazhdojnë luftën me një maskë, duke akseptuar islamizmën vetëm sa për sy e faqe, e që janë tinës kundër Islamizmës e çiltas për Lirinë e Mejtimi; 3. Në grupin e Racionalistëve Suninj, të cilët duan ta pajtojnë Islamizmën me Fillosofinë dhe Shkencat, e që janë çiltas për Islamizmën, e në mos çiltas, po të pakën tinës për Lirinë e Mejtimit. Që të tria këto Shkolla kanë patur partizanë të flaktë në botën e kullturuar islamike. E para me Omar Khajamin, si të funtmin e më të shkëlqyerin çampion, dërrmohet e pothua çduket; e dyta, me të dëgjuarin mjek, fillosof e poet Avicena, si themeltar, lulëzon në Persi, letrëtyrën e së cilës pothua e monopolizon, influencon thellësisht Shijizmën e Bekta- shizmën, me të cilat pothua identifikohep përhapet në të gjitha qarket e botës intelektuale islamike dhe, e vetëma nga të triab arrin e gjallë, dhe e fortë gjer në ditën e sotme; e treta

predominon për ca kohë në Persi, pastaj
përfundërisht në tërë botën islamike, lulëzon
që nga Bagdati gjer në zëmër të Spanjës, dhe
me anën e përfaqësonjësit të saj të shkëlqyer
Averroes, transplanton kullturën e vjetërisë
hellenike në Perëndim dhe kontribuon në
zgjimin e qytetërisë modern, pastaj humbet
bashkë me perandorinë arabe. Që të tria këto
Shkolla ishin të mëdha si njëra dhe tjatra; që
të tria kishin një qëllim, ndonëse ishin të
ndara në methudat; që të tria u riproduktuan
në Evropën moderne kundrejt Krishtërimit
me një anallogji të çuditëshme, ndonëse me
peripetira të ndryshme; po duhet admentuar
pa bisedim që Shkolla e tretë i ka shërbyer
më tepër njerëzisë dhe ka lojtur një roll
kryesor në historinë e çvillimit të kullturës së
përbotëshme. Përandaj, pra, kur i këndojmë
sot për së largu goditjet dhe talljet viru- lente
të Omar Khajamit kundër Sufinjve dhe
Racionalistëve, i gjejmë pak të padrejta dhe
të pamërituara. Vërtet, Intran- sigjentët qenë
më burra, po Sufinjtë dhe Racionalistët
Suninj qenë praktikë, më larkpamës, e nofta
më shkëncetarë. Bu- kuria është që këto
Shkolla kanë lëftuar njëra-jatrën jo me prozë
theologjike të thatë dhe të mërzitur, po me
vjersha të holla dhe me Rubaira të mprehta.

Mi jetën e Omar Khajamit nuk dimë shumë hollësira. Kritika moderne i quan pothua të gjitha biografitë e vjetra të tij si legjenda pa nonjë bazë historike. Nuk është e vërtetë, për shëmbëll, që Khajami ka qenë shok shkolle i Vezirit të Math Nizam el Mulk dhe i Hasan Sabahut, Plakut të Maleve, dhe që këta kishin lidhur fjalë që në vogëli të ndihmonin njëri-jatrin kur të rritëshin e të arrinin një shkallë të lartë.

As është e vërtetë që jeta e tij ish e shtruar me lule. E kundërta i afrohet më tepër historisë. Lindi në 'gjysmën e parë të shekullit të njëmbëdhjetë - midis viteve 1025 dhe 1050 - dhe vdiq më 1123 pas Krishtit në Nishapur të Khorasanit. Me Varfëri dhe me mundime të patreguara mbaroi mësimet e larta që përfaqësonin tërë diturinë e kohës tij, shtudioi Theollogjinë, Fillosofinë, Historinë, Letrëtyrën, Mjekësinë, Fizikën, Astronominë e Mathematikën dhe arriu të bëhet i pari i savantëve të Persisë pothua në çdo degë. Në astronomi veçanërisht ka qënë jo vetëm më i madhi i atdheut e i kohës tij, po dhe një nga më të mëdhenjtë e tërë botës gjer në shekullin e pesëmbëdhjetë, Nizam el Mulku, Vezir i Math i Mbretit të Persisë, Malik Shah, i lidhi një pension dhe i ngarkoi barrën të riformonjë Kalendarin më 1074. Pas mëndjes së ekspertëve, Kalendari i Omar Khajamit është më eksakt se Kalendari Gregorian, që u bë më 1582 dhe që përdoret gjer më sot në botën e qytetëruar. Po lumëria e pensionit nuk vazhdoi shumë kohë. Pas pakë vjetsh pro- tektori i tij Nizam el Mulk u vra prej partizanëve të Hasan Sabahut dhe poeti-astronom u neverit në mëshirë të fatit. Dhe oh, ironi! Si stërgjyshi i tij spiritual, fillosofi skeptik Pyrron i vjetërsisë greke që rronte dymbëdhjetë shekuj më parë si prift pagan i perëndive të Olympit, ashtu dhe antifetari i ashpër Omar Khajam u shtrëngua të fitonjë bukën e hidhur të pleqërisë, dyke dhënë mësime mi Kuranin e mi Sheriatin. Armik i hipokrizisë, u thoshte nxënësve të tij ç'mëndim kishte për këto të dyja, bënte çiltas propagandë kundër fesë zyrtare dhe kundër kanunit të shtetit dhe predikonte Lirinë e Mejtimit nga njëra anë dhe Liritë Politike nga ana tjetër pas theorive të shkollave fillosofike të vjetërisë greke. Dyke lëftuar sheshit dogmatizmën e Suninjve, mistikizmën e Sufinjve dhe absollutizmën politike të shtetit, u bë natyrisht armik me të gjithë dhe puna arriu në një pikë aq të rrezikshme sa, për të shpëtuar nga furtuna, pas këshillës së miqve të tij, niset në pleqëri të thellë për Mekën që të bëhet Haxhi!

Fanatikët zbuten dhe ngushëllohen me shpresën që Qyteti i Shenjtë do ta ndriçonte e do ta kthente Khajamin në udhën e Perëndisë. Poeti qesh nën buzë dhe mejtohet që ky Haxhillëk me pahir nuk ishte dhe aq i papëlqyer. Udhëtimi i gjatë i jipte një diversion të mirëpritur nga monotonia e Nishapurit, një rasje të shkëlqyer për observata dhe shtudime të ra, një subjekt e një inspiratë për Rubaira ironike. Mjerisht, ishte plak dhe u kthye i lodhur, i dëshpëruar dhe misanthrop. Në Bagdad, ku qëndroi ca ditë për të marrë frymë para se të nisej për atdhe, s'ka dashur të presë turmat e vizitorëve që ishin sulur ta shikonin për së afërmi, dhe atyre të pakëve që pasi s'u tha as gjysmë fjale mi qëllimin, përshtypjen dhe efektin e pelerinatës në Viset e Shenjta. Nofta i vinte gjyç për koncesjen që u bëri fanatikëve për sy e faqe dhe më kot, se Haxhillëku e egërsoi më tepër kundër fesë. Në Persi Omar Khajami vazhdon luftën nga qyteti në qytet midis ndjekjesh e vojtjesh të pareshtura dhe pas disa vjetsh arratie kthehet i dërrmuar në Nishapur që të vdesë i neveritur pothua prej të gjithëve po pa i dhënë armët. Shumica e shokëve dhe e dishepujve të tij a u hodhë në kampin e Fanatizmës trium- fante a kërkuan mprojtje nën flamurin e Sufinjve Mistikë. Lufta është e humbur dishfata është e plotë. S'i mbete tjatër ngushëllim veç verës e Rubairave, po dhe këto, që predikonin një herë Gëzimin e Jetës, tani tingëllijnë si këngë funerale. Eshtë fundi. Omar Khajami duhet të shkruanjë dhjatën. Besnik në parimet e tij gjer në varr, e shkruan dhjatën me Verë, dhe përpara se të japë shpirt, u vërvit në fytyrë fana- tikëve një sfidë të funtme. Miqtë e pakë dhe shoqen e dashur i porositi me disa Rubaira qysh ta varrosin nën e Hardhisë, qysh ta kujtojnë pas vdekjes me Dolli, e qysh ta ringjallin, dyke mbrujtur një Poç prej baltës së tij e dyke e mbushur me Verë. Dhe pa fjalë qeshte, kur i linte shëndet jetës me këto kryexhevaire poetike, po s'ka asnjë dyshim nga ana tjetër që shokët dhe e shoqja që e dëgjonin përpiqëshin më kot të buzëqeshnin dhe s'muntnin veç të psherëtinin e të qanin pranë shtratit tij.

Në lulëzim të qytetërisë greke, Sokrati, i akuzuar për mëkate si ato të Omar Khajamit, dënohet me vdekje dhe i lë shëndet botës me kupën e helmit. Në Evropën e krishterë jo vetëm në Kohën e Mesme po dhe pas Përlindjes italiane, domethënë katër shekuj pas vdekjes së Omar Khajamit, kemi shëmbëlla martirësh të Lirisë Mejtimit, të djegur të gjallë prej Katholikëve dhe Protestanëve. Fakti pra që Omar Khajami, i cili ishte më fajtor se të gjithë këta bashkë, u la i lirë të shkruanjë e të predikonjë kundër fesë zyrtare e kundër ligjave të shteht dhe pastaj të vdesë qetësisht në shtrat provon sa më e lartë ka qenë në këtë periudë qytetëria dhe tolerance e Persisë Islamike. Një tjatër fakt karakteristik: Varri i Omar Khajamit, i stolisur me trëndafij e me hardhi sipas porosisë tij, ndodhet gjer më sot në një teqe persane të Nishapurit, i preservuar me respekt fetar bres pas brezi prej Sufinjve, të cilët Omar Khajami i kish lëftuar sa ishte i gjallë.

Omar Khajami ka shkruar një tok librash fillosofike dhe shkencëtare, nga të cilat ndodhen sot vetëm nja tri: një Traktet mi Definitat Gjeometrike të Euklidit, dorëshkrimin e të cilit e ka Biblioteka e Lajdenit (Leyden); një Algjebrë, e botuar frëngjisht në Paris më 1851 prej fon Vëpkes (von Wopke); dhe një Traktet Metafizike, mjerisht i shkurtër dhe i shkruar ad usum Delphini për të birin e Nizam el Mulkut, që u botua prapë frëngjisht prej Kristensenit (Christensen) në rivistën "Le Monde Orienta;" më 1906. Veprat e tjera, të cilave u dimë vetëm titujt, merrëshin me Fillosofi,

Astronomi, Mathe- matikë dhe Shkenca Natyrale, të gjitha të shkruara në arabishten, në gjuhën e savantëve persanë për shkrime në prozë.

Persishtja përdorej përgjithësisht në poezi, po këtu-atje poetët persanë shkruanin vjersha edhe në arabishten. Nga veprat poetike të Omar Khajamit kemi Rubairat, të shkruara në pershisten dhe në arabishten vetëm ca fragmente të shkur- tëra.

Lavdia më e madhe e Persisë nuk është vetëm që Rubairat u shkruan në gjuhën e saj të bukur, po ca më tepër që këto kryevepra të një "dinsëzi" të papenduar kanë mundur të shpëtojnë nga shqotat e fanatizmës orientale dhe të arrijnë në kohën tonë. Omar Khajami s'ka qënë kurrë popullor në Persi: Në një rrethim fanatik, mistik, a hipokrit të ngrysur, është ironist buzëqeshur, antifetar i ashpër dhe kryeluftar i Mejtimit të Lirë; midis një populli, që s'lodhet së dëgjuari prralla të gjata dhe poezira të koklavitura pa funt, shkruan epigrame të shkurtëra, të skalisura në mermer, një formë arti, për të cilin s'ka patur popull çmonjës në asnjë periudhë të qytetërisë njerëzore. Megjithëkëtë, admiratorët persanë ndonëse të pakë, s'i kanë munguar kurrë dhe këta qënë poetët

dhe intelektualët Sufinj, midis të cilëve
duhen përmëndur Nizami Arusi dhe Hafiz
Shirazi. Këtyre të dyve, u detyrojmë kryesisht
shpëtimin e Rubairave, se këta qenë të parët
që i përmblodhë dhe i kopjuan. Çudia është
që Omar Khajami ka patur shumë
admiratorë dhe midis fanatikëve Suninj me
kullturë. Këta, e ca më tepër Sufinjtë, për të
mbu- luar mëkatin e tyre, pretendonin që
rubairat Khajamiane munt të interpretohen
me një mënyrë të kënaqshme për Sunismën,
për Sufizmën, e për të gjitha fetë. Për të
forcuar këtë theori, cilido besnik i hollë
bënte një Rubai pas frymës së sektit tij dhe ia
ngarkonte Ustait. Nga ana tjatër, dishepujt e
fshehur të Shkollës Khajamiane, me
imitacione pak a shumë të goditura, vjete e
shekuj me radhë, e pasuruan dhe e stolisnë
kopshtin e Rubairave aq sa atje brënda munt
të gjente cilido çdo lule me çdo ngjyrë. Këtu-
atje kopistët, pa dashur a me qëllim, i
ndreqnin Rubairat e ustait pas qefit a pas
shkarjes së pëndës; të tjerë kopistë shtonin
Rubaira prej poetësh më të vjetër a më të rinj
se Khajami. Kështu shpjegohet përse nga të
një mijë e ca Rubairat, që na kanë arrirë nën
emrin e Omar Khajamit s'janë të tijat as
gjysmat, po kështu prapë shpjegohet përse e
qysh shpëtuan Rubairat authentike - në mos

të gjitha po një pjesë e tyre, të përziera si
lesh e li me Rubaira apokrife, të cilat u
shërbenin të parave si një farë mprojtje
kundër tërbimit të fanatikëve vandalë. Me
një mënyrë analloge, Papët e Romës
shpëtuan nga prishja tempuj, monumenta e
kollona të vjetërisë greko-romane, dyke i
mbuluar me një cipë Krishterimi. Vetë
Mikelanxheja (Michelangelo) transformoi një
pjesë madhështore të ther- mave Diokletiane
në një kishë katholike. Për fetarë, si këta të
Romës dhe si ata të Persisë, që me një trik të
hollë shpëtuan kryevepra nga humbja e plotë
është i shtrënguar të ketë respekt çdo njeri
me kullturë, sado antifetar që të jetë.

Po këto peripetira e koklavitin aq keq
problemin e rubairave sa kërkonjësi s'gjen
dot as krye as funt: Cilat Rubaira janë
authentike dhe cilat apokrife? Savant rus
Valentin Shukofski, i pari që ka nisur
kërkime kritike mi jetën dhe vjershat e Omar
Khajamit, ka gjetur afro njëqint Rubaira
"Khajamiane", që ndodhen dhe në
koleksione poetësh të tjerë persanë. Po
zbulimet e tij të çmuara nuk janë veçse një
nisje gërmimesh brënda në një labirinthi.
Peri i Ariadnës nofta nuk do të gjendet kurrë,
po sidomos tani për tani s7na mbetet veç ta
çajmë udhën vetë me ato elementa të paka

udhëheqëse që kemi në dorë. Hipotheza e disave që Omar Khajami ishte Sufi mistik dhe të tijat janë vetëm ato Rubaira, që kanë frymë mistike Sufiane a munt të interpretohen me një kuptim të atillë, duhet eliminuar pa bisedim të gjatë. Përkundër, Rubairat, që kanë frymë fjesht fetare prej çfarëdo sekti hedhur pa hesiatë në kosh si apokrife. Gjithashtu munt të

qërohen lehtë Rubairat krejt të pakuptuarshme si dhe ato që s'janë veç imitacione të dorës së dytë a përsëritje të zbeta Rubairash të mira. Po prapë, pas përdorjes së mashës kritike me direktivat e sipërme, konfuzioni i 300 a 400 Rubairave të mira që na mbeten është aq i thellë sa më parë. Pas mëndjes së atyre që e kanë thelluar këtë çështje, ky konfuzion duhet akseptuar si një karakteristikë e Rubairave Khajamiane, sado që shpesh një Rubai e bukur me damkën e Ustait në çdo fjalë kundërshton e përmbys me grusht një Rubai tjatër aq të bukur dhe aq të fjeshtë sa e para. Ja ca arësye për të mprojtur këtë thezë:

1.   Rubairat (persisht Rubai në singular dhe Rubaijat në plural), strofa me katër vargje - të cilët dikur rimojnë që të katër, po përgjithërisht dy të parët me të funtmin -

nuk janë pjesa e një poemi dhe s'kanë lidhje
të ngushtë midis tyre. Cilado Rubai është një
vjershë e plotë më vete.

2.   Omar Khajami s'i ka shkruar në një
kohë të shkurtër me frymë striktërisht të
njëshme, po tërë jetën e tij, domethënë në
një periudë prej 25 vjetsh të pakën, nofta më
tepër.

3.   Është e pabesueshme që Omar
Khajami, armik i të gjitha dogmatizmave, të
mos i ketë ndryshuar aspak pikëpamjet e tij
fillosofike brënda në 55 vjet. Është aq i math
sa nuk hyn dot në një kallëp e në një sistem
fillosofik të kristalizuar. Omar Khajami është
një vigan Proteik që ndrron maska herë pas
here, identifikohet me të gjitha plotërisht,
pastaj i nxjerr e i vërvit tutje me dëshpërim
dhe kërkon shpëtimin nga Vdekja dhe
mbytjen në Detin e Hiçit pa liman e pa funt.

4.   Omar Khajami, militant i Lirisë
Mejtimit, ka qënë një njeri krejt i ndryshmë
nga Omar Khajami mejtimtar dhe Omar
Khajami artist. Në qoftë se si mejtimtar e si
artist fluturon nga njëri sistem fillosofik në
tjatrin, po si militant i Lirisë Mejtimit ka
qenë kthjellërisht dishepull i Shkollës

Stoike, domethënë burrë i detyrës dhe i luftës për një ideal.

5. Disa prej fjalëve të përdorura shpesh prej Omar Khajamit kanë nga tre a katër kuptime a nënëkuptime të ndryshme dhe na çelin horizonte të veçantë që largohen nga njëri-jatri si qielli dhe dheu. Për shëmbëll, Vera, si lëngu i zakonëshmë i rrushit, simbolizon gëzimin e jetës pas mënyrës anakreontiane dhe hedoniste; si një e pirë e ndalur prej islamizmës, simbolizon Lirinë e Mejtimit kundër dogmatizmës fetare, dhe ahere shpie në fillosofi, në shkencë e në kullturë. Duhet shtuar se Vera, Dashuria dhe e Vërteta shpesh identifikohen prej Mistikëve me Perëndinë Vetë. Mënyra me të cilën Omar Khajami lot me kuptimet e ndryshme të këtyre fjalëve ua ka turbulluar kokën të gjithë këndonjësve dhe përkthenjësve të tij, të cilët që nga kohët e vjetra gjer sot kanë dashur ta simplifikojnë punën me sëpatë dardhari, dyke u dhënë fjalëve të përmëndura më sipër nga një kuptim të vetëm dhe dyke na e paraqitur Omar Khajamin a vetëm Anakreontian e Hedonist a vetëm Epikurian e Skeptik antifetar, a vetëm Fetar e Mistik. Ky lajthim mëndjengushtë e ka rritur konfuzionin e Rubairave më tepër se sa është me të vërtetë.

Rubairat

Omar Khajam

Rubairat

Permbajtja

Omar Khajam

CPSIA information can be obtained
at www.ICGtesting.com
Printed in the USA
LVHW111730240920
667015LV00008B/1690